基本財務会計

FINANCIAL ACCOUNTING

九州大学名誉教授
岩崎 勇

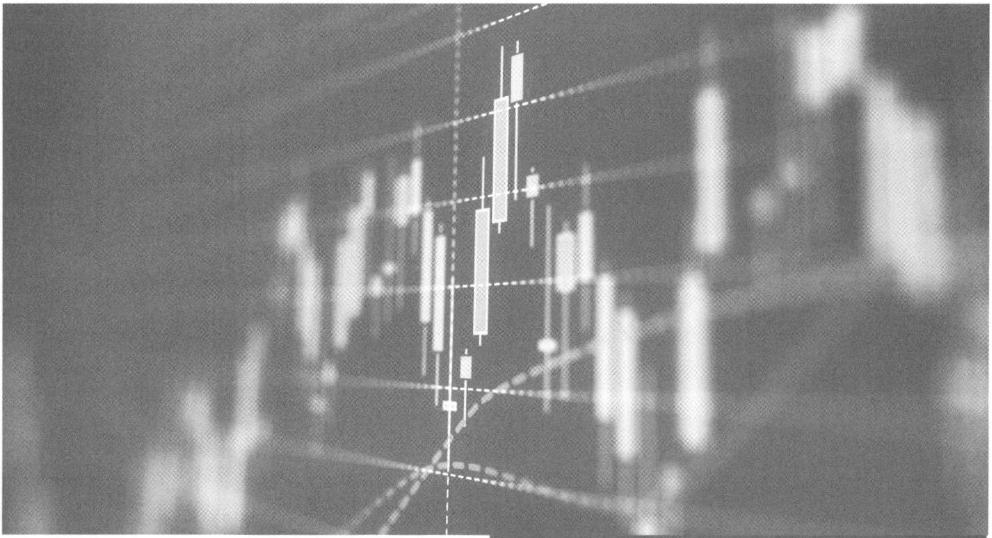

本書の特徴

1 最新の財務会計に関する理論と処理を解説

2 内容は基本的なものを体系的に網羅

3 重要用語は太字を、難解な用語には用語解説

4 体系的な理解ができるように、図解を多用

5 具体的な処理ができるように、設例を採用

税務経理協会

はしがき

2020年は，種々の出来事が世界を翻弄している。大きくは，気候変動によるオーストラリアの大火災などである。また，現在新型コロナウイルスが世界で猛威を振るっている。パンデミック宣言がだされ，イタリアなどのヨーロッパ・中国・アメリカを中心として，かつて人類が経験したことのない状況となっている。日本でも，小中学校を中心として休校措置等が取られ，卒業式や入学式も取りやめになっているところも少なくない。また，入出国が禁止され，また外出禁止令が出る地域や国があり，通常の日常生活が出来ない状態となっている。この影響で，東京オリンピックも１年延期が決定された。

会計的には，世界的に国際会計基準審議会（IASB）の公表する国際財務報告基準（IFRS）が益々世界標準的な基準として認められ，既に任意適用を含めて100か国以上で採用がなされている。それゆえ，このIFRSの影響力が益々強くなってきており，それは，例えば，わが国においても，資産負債アプローチを採用する収益認識基準が基本的に採用されるなど，わが国の会計の基本思考である発生主義を揺りがしかねないような状況となってきている。

このような状況の下において，本書は，最新の財務会計の基本について理論的かつ実践的に解説することを目的としている。

そして，本書の特徴としては，次のようなものがある。

①　本書は，最新の財務会計に関する理論及びその処理を解説したものである。

②　本書の内容は，基本的なものを体系的に網羅したものである。

③　本書は，読者に分かり易いように，重要な用語については太字を用い，また意味内容が難解と思われる用語については用語解説を入れるなどの配慮をしている。

④　本書は，体系的な理解ができるように，図解を多用している。

⑤　本書は，具体的な処理ができるように，設例を用いている。

ただし，筆者の浅学非才のために不十分な点が多々あると思われる。この点については，先学諸賢の方々の温かいご指導・ご教示をお願い申し上げる次第である。そして，本書の出版に際しては，企画から上梓まで，エディター部の峯村英治氏に大変お世話になった。心からお礼を申し上げたい。

……新天地での新しい希望を感じさせる，咲き誇る美しいピンクの桜を愛でつつ……

九州大学伊都キャンパスにて

2020年３月吉日　　岩崎　勇

目　　次

はしがき

第１章　財務会計の基礎……3

1　会計の意義と財務諸表……3
2　企業会計……4
3　利害関係者……8
4　財務会計の理論構造……9

第２章　会計公準と会計主体論……11

1　会計公準の意義と種類……11
2　会計公準の内容……11
3　会計主体論……13

第３章　企業会計原則……15

1　会計原則の意義と必要性……15
2　企業会計原則の性格と体系……15
3　一般原則……17
4　会計基準の設定機関……25

第４章　損益会計論……27

1　損益計算の意義……27

2　期間損益計算の方法 ……………………………………………27
3　会計制度上の利益の特質………………………………………28
4　損益の認識原則 …………………………………………………29
5　損益計算の体系 …………………………………………………32
6　実現主義の原則の内容 …………………………………………37
7　販売形態別の収益認識基準……………………………………38
8　費用の具体的認識 ………………………………………………42

第5章　貸借対照表会計論……………………………………45

1　静態論と動態論 …………………………………………………45
2　資産負債アプローチと収益費用アプローチ…………………47
3　貸借対照表の表示 ………………………………………………48

第6章　資産会計論 ……………………………………………51

1　資産の意義と内容 ………………………………………………51
2　資産の評価原則 …………………………………………………52
3　資産の分類………………………………………………………55

第7章　流動資産会計…………………………………………57

1　流動資産の内容 …………………………………………………57
2　流動資産の分類 …………………………………………………57
3　当 座 資 産………………………………………………………58
4　棚 卸 資 産………………………………………………………66
5　その他の流動資産 ………………………………………………70

第８章　固定資産会計……71

1　固定資産の概説……71
2　有形固定資産……72
3　無形固定資産……80
4　投資その他の資産……81

第９章　繰延資産会計……83

1　繰延資産の意義と繰延根拠……83
2　繰延資産の内容……85

第10章　負債会計論……89

1　負債の概説……89
2　負債の分類……90
3　引　当　金……91
4　社　　　債……94

第11章　純資産会計論……99

1　純資産の意義……99
2　資本金と資本制度……101
3　資本剰余金……104
4　利益剰余金……106
5　自 己 株 式……108
6　評価・換算差額等……108
7　新株予約権……109

第12章　財務諸表 ……………………………………………… 111

1　財務諸表の意義と種類 ……………………………………… 111
2　損益計算書 …………………………………………………… 113
3　企業会計原則による損益計算書の作成 …………………… 114
4　貸借対照表 …………………………………………………… 119
5　企業会計原則による貸借対照表の作成 …………………… 120
6　株主資本等変動計算書 ……………………………………… 123

第13章　連結会計論 ……………………………………………… 125

1　連結財務諸表の意義と内容 ………………………………… 125
2　連結主体論 …………………………………………………… 127
3　連結財務諸表の一般原則 …………………………………… 128
4　連結財務諸表作成の一般基準 ……………………………… 128
5　連結貸借対照表 ……………………………………………… 130
6　連結損益計算書 ……………………………………………… 134
7　持　分　法 …………………………………………………… 137
8　連結株主資本等変動計算書 ………………………………… 138

第14章　キャッシュ・フロー会計論 …………………………… 139

1　キャッシュ・フロー計算書の意義 ………………………… 139
2　キャッシュ・フローの区分 ………………………………… 141
3　作成方法（キャッシュ・フロー計算書の作成方法）……… 142
4　作成方法（連結キャッシュ・フロー計算書の作成方法）… 144
5　キャッシュ・フロー計算書の分析 ………………………… 145

第15章　セグメント会計論 …… 147

1　セグメント会計の意義と内容 …… 147

第16章　税効果会計論 …… 149

1　税効果会計の意義 …… 149
2　税効果会計の処理方法 …… 151
3　財務諸表上の表示 …… 154

【様式　ひな型】 …… 157

①　貸借対照表 …… 157
②　損益計算書 …… 160
③　株主資本等変動計算書 …… 162
④　連結貸借対照表 …… 164
⑤　連結損益計算書 …… 167
⑥　連結株主資本等変動計算書 …… 169

【参考文献一覧表】 …… 171

【索引】 …… 173

基本　財務会計

岩崎　勇　著

第１章　財務会計の基礎

1　会計の意義と財務諸表

広い意味で会計（accounting）とは，情報を提供された人が適切な意思決定ができるように，経済主体が行った一定期間の経済活動を貨幣額によって認識・測定・記録・報告する手続きのことをいう。このように，会計は，例えば，株主などの利害関係者の意思決定のために財務情報を提供するものであり，このような会計領域を**意思決定会計**という。また，会計は，例えば，株主と債権者のような利害の相対立する利害関係者間の利害を調整するための財務情報を提供するものでもあり，このような会計領域を**利害調整会計**という。

この会計を経済主体の単位の視点から分類すれば，図１－１のように，国民経済全体に関する会計（**マクロ会計**：macro accounting）と個別的な経済主体に関する会計（**ミクロ会計**：micro accounting）に分けられ，そして，後者はさらに企業という生産経済主体を対象とする会計（**企業会計**という），家庭という消費経済主体を対象とする会計（**家計**という）及び国や地方公共団体という消費経済主体を対象とする会計（**官庁会計**という）に分けられる。

図１－１　会計の分類

<table>
<tr><td rowspan="3">マクロ会計</td><td rowspan="3">ミクロ会計</td><td>企業会計</td><td>営利会計</td></tr>
<tr><td>家計</td><td rowspan="2">非営利会計</td></tr>
<tr><td>官庁会計</td></tr>
</table>

これらのうち企業は，**営利**（利益の追求を目的として事業を営むこと）を目的とするものであり，そこでの会計は**営利会計**である。また，家計や官庁などは，基本的に営利を目的としない（**非営利**という）ものであり，そこでの会計は**非営利会計**と呼ばれる。これから学習するのは，これらのうち企業会計である。

この財務情報の中心をなすのが財務諸表である。ここに**財務諸表**（financial statements：F／S）とは，**決算書**や**計算書類**とも呼ばれ，企業が自社の経営状況（経営成績や財政状態など）に関する財務情報を，その利用者に伝達するために作成する計算書のことである。この財務諸表の作成者は企業すなわち経営者であり，その利用者は，外部の利害関係者である株主，債権者，国などと，内部の利害関係者である経営者である。

そして，わが国の会計関連諸法令における財務諸表の体系は，表１－１のとおりである。

表１－１　財務諸表の体系（前提：個別財務諸表）

企業会計原則	会　社　法	財務諸表等規則
損益計算書 貸借対照表 財務諸表附属明細表 利益処分計算書	貸借対照表 損益計算書 個別注記表 株主資本等変動計算書 附属明細書 （事業報告*）	貸借対照表 損益計算書 キャッシュ・フロー計算書 株主資本等変動計算書 附属明細表

*：通常，財務諸表とはみなされない。

2　企 業 会 計

(1)　企業会計の内容

会計学は，企業で行われている会計という行為ないし事象，すなわち企業の会計を対象としている。会計は，企業において生じた経済事象を貨幣数値により認識・測定・記録・報告する技術であるが，この企業会計の対象は，企業において生じた経済活動ないし経済事象，特に企業資本すなわち経済価値の増減変化を生じさせる事象を対象としている。そして，会計学の目的は，現実に制度として行われている会計事象の特質を究明すると同時に，その拡充発展を図ることである。

会計学は，その研究の方法の観点からは，現実に制度として行われている会計事象の特質の究明に重点を置く**記述的会計学**と，それをより良いものとするために，その拡充発展に重点を置く**規範的会計学**とがある。そして，企業内部で行われる会計行為は，一般に，図１－２のように認識・測定・記録及び報告から成っている。

図１－２　会計行為

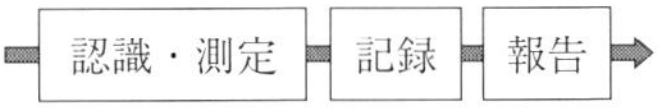

①　**認識**　これは，会計の対象である企業の経済事象について，会計目的と関連させて，会計上，計上するための計上条件の判断を行う行為のことである。すなわち，これは，会計上，何をいつ計上するのかに関する判断を行う行為であり，測定行為とも密接な関係にあり，広義には，次の測定も含む概念である。

②　**測定**　これは，認識により，企業の経済事象が会計への計上条件を満たしている場合に，それをいくらで計上するのかという計上金額を決定することである。なお，測定における基礎（例えば，原価か時価かなど）は，会計目的と関連しており，その計算構造により異なる。

③　**記録**　これは，会計上，認識・測定された経済事象を会計帳簿に記録することである。この場合，一般に，**複式簿記**（１つの会計事実を，２面的に把握し，左右２つに分けて帳簿に記録する技術のこと）が用いられる。

④　**報告**　これは，会計上，認識・測定・記録された経済事象を，一定期間ごとに企業の経営状況として財務諸表などによって報告することである。

(2)　企業会計の分類

①　財務会計と管理会計

前述のように，企業会計の対象は，営利を目的とする企業が営む経済活動であるが，これには，表１－２のように，**財務会計**（financial accounting：FA：企業の事業活動を複式簿記によって認識・測定・記録し，一会計期間における経営成績と期末における財政状態などを明示し，それを株主などの企業の外部利害関係者に報告することを目的とする会計のこと）と**管理会計**（management accounting：MA：企業の内部者である経営管理者に対して，その経営管理のために有用な財務情報を提供することを目的とする会計のこと）の２つの領域がある。前者は，**外部報告会計**とも呼ばれ，この報告は，損益計算書（profit and loss statement：P／L）や貸借対照表（balance sheet：B／S）などの財務諸表によって行われる。そして，後者は，**内部報告会計**とも呼ばれる。

表１－２　企業会計の分類

<table>
<tr><td rowspan="2">企業会計</td><td>財務会計</td><td>外部報告会計</td></tr>
<tr><td>管理会計</td><td>内部報告会計</td></tr>
</table>

②　制度会計と非制度会計

外部利害関係者に情報を提供する財務会計は，前述のように，種々の相反する利害を調整する役割（**利害調整機能**という）を担っており，この関係で社会的規範に従うことが要請されている。この規範としては法と慣習の２つのものがある。わが国では，前者としては，例えば，金融商品取引法，会社法及び法人税法などの法令があり，後者としては，例えば，企業会計原則などがある。そして，財務会計には，図１－３のように，金融商品取引法や会社法という法律制度に従って行われる会計（**制度会計**という）と，それ以外の，例えば，環境会計などのような法律制度以外の任意に情報を提供する会計（**非制度会計**という）がある。また，わが国における主な会計に関連する企業内容の**開示**（**ディスクロージャー**：disclosure）**制度**としては，会社法及び金融商品取引法による会計がある。

図１－３　企業会計

<table>
<tr><td rowspan="3">企業会計</td><td rowspan="2">財務会計</td><td>制度会計</td></tr>
<tr><td rowspan="2">非制度会計</td></tr>
<tr><td>管理会計</td></tr>
</table>

(3)　財務会計の任務

財務会計は，外部の利害関係者に企業経営の状況に関する財務状況についての情報を提供するものであるが，その主な任務には，次のようなものがある。

①　企業の経営成績の明示

企業の主たる目的は，社会に有用な商品やサービスを提供することによって，利益を追求することである。企業の利害関係者も企業の**収益力**（profitability：利益を獲得する能力のこと）に大きな関心がある。そこで，図１－４のように，一会計期間における**経営成績**（operating results：利益の金額とその発生源泉を示すもの）を明らかにするものが**損益計算書**（利益の金額とその発生源泉を示す計算書）であり，収益と費用の差額として利益を示している。このように収益から費用を差し引いて利益を計算する方法を**損益法**という。

図１－４　経営成績の明示

損益計算書（経営成績）

費用	収益
利益	

（損益法）　収益－費用＝利益

（出所）　岩崎［2000］4頁（一部修正）

②　企業の財政状態の明示

企業会計の他の任務として，期末などの一時点における企業の財政状態を明示することがある。ここに**財政状態**（financial position：FP）とは，図１－５のように，企業が活動を行うために必要とする資金の調達源泉とそれが具体的にどのように運用されているかについての運用形態を示すものである。そして，この資金の調達源泉として負債（他人資本）と純資産（資本：自己資本）が，また，資金の運用形態として資産がある。これらを示すものが**貸借対照表**（資金の調達と運用という財政状態を示す計算書）である。

図１－５　財政状態の明示

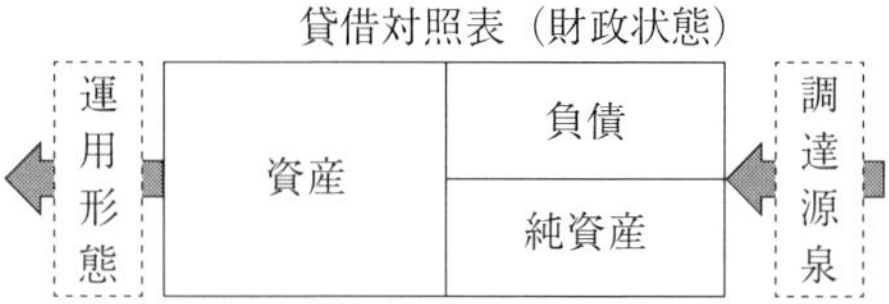

（出所）岩崎［2000］５頁（一部修正）

③　キャッシュ・フロー情報の提供

一定期間のキャッシュ・フローに関する情報を提供することも，財務会計の目的の１つである。これは，キャッシュ・フロー計算書によって提供される。なお，ここで示されるキャッシュ・フローは，将来キャッシュ・フローではなく，過去の会計期間における実際のキャッシュ・フローである。

3　利害関係者

企業の経済活動は，経済社会の発展と共に拡大し，社会的な重要性を増してきている。また，企業をとりまく利害関係者も増加してきている。この利害関係者としては，大きく企業外部の外部利害関係者と企業内部の内部利害関係者とがいる。外部利害関係者としては，例えば，株主，債権者，従業員，取引先，政府，地域住民などが，また内部利害関係者としては経営者がいる。これらの利害関係者の会計情報に関する主な関心事は，表１－３のとおりである。

表1－3　利害関係者の会計情報に関する主な関心事

利害関係者		会計情報に関する主な関心事
外部利害関係者	株主	配当可能利益及び企業の収益性や財務安全性などについての会計情報
	債権者	債務返済能力及び利息支払能力などについての会計情報
	従業員	企業の生産性や収益性などの賃金給料の引上げや労働条件の改善などのために有用な会計情報
	取引先	仕入先については，支払能力などについての会計情報。得意先については，製品やサービスの質や価格などについての会計情報
	政府	適正な課税や企業に対する指導・規制などを行うための資料として必要な会計情報
	地域住民	企業の地域社会活動や公害防止対策などに対する評価をするための会計情報
内	経営者	経営管理のために必要な会計情報

（注）　内：内部利害関係者

4　財務会計の理論構造

財務会計の理論構造は，図1－6のように，重層構造となっている。すなわち，まず基礎構造として会計理論の最も基礎となる基礎的な前提ないし仮定が**会計公準**である。そして，中間構造として，この会計公準を前提として会計目的から理論的な指針（**理論指針**）として導かれたものが**会計原則**である。さらに，上部構造として，この会計原則を実務に適用するための実践的な指針（**実践指針**）が**会計基準**である。そして，この会計基準に基づき取引を具体的に処理するのが**会計手続**である。

図1－6　財務会計の理論構造

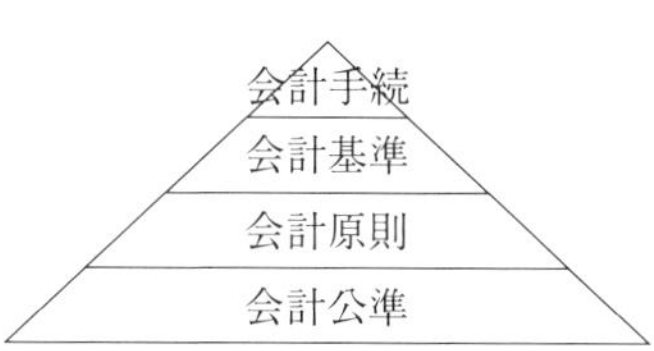

第２章　会計公準と会計主体論

1　会計公準の意義と種類

会計公準（accounting postulates）とは，財務会計が制度として成立するための理論上の基礎的な前提ないし仮定のことである。これには，例えば，企業実体の公準・継続企業の公準や貨幣的評価の公準という会計の計算構造に関する前提である**構造的公準**などがある。

2　会計公準の内容

会計公準というと，一般に，表２－１のような３つの公準が挙げられる。

表２－１　会計公準

会計公準	構造的公準	①　企業実体の公準
		②　継続企業の公準
		③　貨幣的評価の公準

(1)　企業実体の公準（postulate of business entity）

これは，企業それ自体が，企業の所有者である企業主とは区別された意味で，社会的に認識・測定・記録・報告という会計の単位（**会計単位**：accounting unit）ないし実施範囲として別個に存在するという仮定である。この場合，会計上，企業主との関係は純資産（資本）の部で表されることになる。

(2)　継続企業の公準（postulate of going concern）

産業革命以降，企業は莫大な固定設備を所有し，企業規模の拡大と共に継続企業の性格がますます強くなってきている。このような状況を前提として，**継続企業の公準**とは，企業は一旦設立されたならば，半永久的にその事業活動を継続するという仮定である。現実には中途で倒産や解散をする企業もあるけれども，会計学が対象とする多くの大企業は半永久的に存続すると考えられ，これを前提として実際の会計理論が構築されている。すなわち，この公準のもとでは，企業の継続性が問題となる場合を除き，資産・負債及び純資産（資本）の評価や収益及び費用の認識・測定などは，すべて企業が継続して事業活動を行うということを前提としてなされることとなる。

そして，企業の経営状況を報告し，配当などを行うために，人為的に会計期間を区切って会計を行うという仮定，すなわち期間についての仮定を**期間計算**（ないし**会計期間**）**の公準**という。そして，E．シュマーレンバッハは，図2－1のように，各期の期間利益の総計が全体利益に一致（全体利益＝各期間の利益の総和）するという**一致の原則**を唱えた。なお，継続的な事業活動を，人為的に期間に区切って計算するので，決算修正事項として会計上の資産負債の評価などの重要な問題を必然的に生じさせる。

図2－1　一致の原則

【一致の原則】　各会計期間の期間利益の総和＝全体利益

(3)　貨幣的評価の公準（postulate of monetary valuation）

これは，表2－2のように，企業の経済活動の結果としての異質の財貨・用役（サービス）の変動を，経済価値の共通尺度である貨幣[1]数値により計算・表示の単位とするという仮定である。

表2－2　測定単位

測定単位	具体例	尺度の共通性	位置づけ
①　貨幣単位	円，ドルなど	有：共通の尺度	採用
②　物量単位	個，kg，mなど	無：異質の尺度	補助手段

これに対して，**物量単位**（例えば，個，kg，mなど）は，企業の経済活動における異質の財貨・用役についての共通する尺度とはなりえないので，企業会計における共通の測定尺度としては採用しえない。この物量的測定は，あくまでも貨幣的測定の補完的で付随的なものとして使用されるに過ぎない。それゆえ，たとえ物量的測定などが可能であっても，貨幣的測定が不可能なものについては，会計の対象とならない。

なお，この貨幣的評価の公準から派生する公準として貨幣価値が変動すると考えるか否かによって，表2－3のように，**貨幣価値一定の公準**（postulate of stability in the monetary unit：貨幣価値は不変ないし安定しているという仮定）と**貨幣価値変動の公準**（postulate of changeability in the monetary unit：貨幣価値は常に変動しているという仮定）とがある。前者によれば，一般に原価主義会計が行われ，後者によれば，特にインフレーションが著しい場合には，一般に貨幣価値変動会計すなわち時価主義会計が行われることになる。ただし，現実の社会では，貨幣価値は常に変動しているのが現状であるけれども，制度会計では，経済状況が一般に著しいインフレーションの状態にはなく，また計算が簡便であるなどの理由から，一般に貨幣価値一定の公準を採用している。

表2－3　貨幣的評価の公準

貨幣的評価の公準	貨幣価値一定の公準	通常，制度的に採用
	貨幣価値変動の公準	著しいインフレ時に採用

3　会計主体論

(1)　会計主体論の意義

会計及びその報告は，図2－2のように，どのような目的で（会計目的），誰について（会計客体），誰の観点からないし誰のために（会計主体）行われるのかという問題に関連する。すなわち，そこでは，①どのような目的のために会計・報告が行われるのかに関する会計目的の問題，②会計の行われる客体である空間的場所的な範囲をどのような理論でどのように決定すべきかに関する会計客体ないし報告企業の問題，及び③会計を行う主体として誰の観点から，誰のために利益計算や持分計算などの会計・報告が行われるべきかに関する会計主体の問題が含まれる。そして，これらをどのように考えるかで，会計処理方法や利益などの金額が異なることになるので，これらの問題は非常に重要なものである。

図 2－2　会計報告と会計目的，会計客体，会計主体

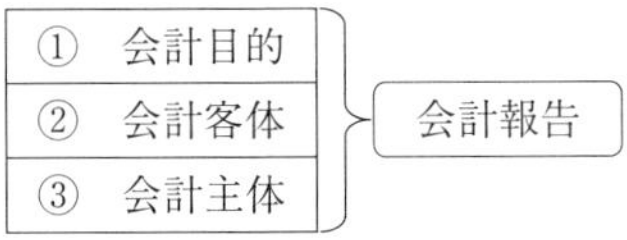

(2) 会計主体論の種類

会計主体論とは，誰の観点から，誰のために利益計算などの会計を行うのかという主体に関する理論のことである。主な会計主体論には，次のようなものがある。

① 資本主理論

資本主理論とは，資本主（所有主）の観点ないし資本主のために会計を行うという考え方である。

これから派生するものとして，**代理人理論**（出資者の代理人として経営者を考えるものであり，基本的な考え方は，資本主理論と同様である）がある。

② 企業体理論

企業体理論とは，種々の利害関係者とは独立した企業それ自体の観点ないし企業それ自体のために会計を行うという考え方である。国際財務報告基準では，基本的にこの立場によっていると考えられている。

(注)

1） 貨幣には，一般に支払手段機能，交換手段機能及び価値貯蔵手段機能があるといわれている。

第3章　企業会計原則

1　会計原則の意義と必要性

現行の企業会計の主な目的は，前述のように，財務諸表を用いて利害関係者に企業の経営状況を報告すること，つまり利害関係者が意思決定を行うのに有用な会計情報を提供することと，適正な期間損益を計算することによって利害関係者の利害調整をすることである。そして，前述の会計公準を前提として，これらの会計目的を達成するために理論的に導きだされた基本的な理論上の指針が会計原則（accounting principles）である。

会計は，財務諸表により企業の利害関係者に必要な信頼しうる会計情報を提供しなければならない。ところが，会社と利害関係者とを結ぶ財務諸表は，何も制約を加えない状況のもとでは，必ずしも信頼性を持つものではない。それゆえ，その財務諸表が信頼性を得るためには，それを作成する指針として，権威ある団体が発表した**一般に認められた会計原則**（generally accepted accounting principles：GAAP）に従うこと，及びその財務諸表が独立の第三者により監査（**会計監査**という）を受けることが重要なものとなる。このように，財務諸表が信頼しうるためには，それを作成し，監査をするための理論的指針として，会計原則が必要となる。

会計の分野で一般に認められている社会的規範の1つで，会計慣習である会計原則の1つとして，わが国では「企業会計原則」がある。そこで，次にこの企業会計原則の内容について見ていくことにする。

2　企業会計原則の性格と体系

わが国における「企業会計原則」は，その前文からも分かるように，表3－

1のように，次のような性格を持っている。

表3－1　企業会計原則の性格

性　　格	内　　容
①　指針	会計処理の指針・監査の指針・会計関連諸法令の改廃の指針
②　規範性	理論規範性・実践規範性

これは，企業会計の実務のなかに慣習として発達したもののなかから，一般に公正妥当と認められたところのものを要約したものであって，必ずしも法令によって強制されなくても，すべての企業がその会計処理を行うにあたって従わなければならないもの（**会計処理の指針**）である。

これは，公認会計士が，（金融商品取引法や会社法などに基づいて）財務諸表の監査をする場合に従わなければならないもの（**監査の指針**）である。

これは，将来において，商法（会社法）や税法など企業会計に関係ある諸法令（**会計関連諸法令**という）が制定・改廃される場合において，尊重されなければならないもの（**会計関連諸法令の改廃の指針**）である。

このように，企業会計原則は，会計慣習の理論的な検討により導かれたもので，理論規範としての性格（**理論規範性**）をもつと同時に，財務諸表の作成や監査の基準ともなるので実践規範としての性格（**実践規範性**）も持っている。

この場合，企業会計原則は，表3－2のように，すべてに共通する包括的な基本原則である**一般原則**，主に損益計算書の作成・表示に関連する**損益計算書原則**，主に貸借対照表の作成・表示に関連する**貸借対照表原則**及びこれらについてその内容を詳しく補足している**注解**により構成される。

表3－2　企業会計原則の体系

注　　解	
損益計算書原則	貸借対照表原則
一 般 原 則	

3　一 般 原 則

ここでは，企業会計原則における**一般原則**（general principles：すべてに共通する包括的な基本原則のこと）について学習していくことにする。

(1)　真実性の原則（principle of truthfulness）

真実性の原則とは，「企業会計は，企業の財政状態及び経営成績に関して，真実の報告を提供するものでなければならない。」というものであり，企業会計上，すべての会計取引を正しく計算・記録し，真実な報告を利害関係者へ提供することを要求する原則であり，企業会計や企業会計原則のなかで最優先されるべき最高規範である。

この場合，真実性の種類としては，絶対的なものと相対的なものの２種類が考えられるが，一般原則で要求されているのは相対的真実性である。ここに**相対的真実性**（relative truthfulness）とは，特定の状況のもとでは複数の真実なものがあり得る，という相対的な真実性のことである。この場合，会計上の真実性が相対的真実性とならざるをえない理由は，財務諸表との関連性の観点から，財務諸表が記録された事実，会計上の慣習及び経営者の主観的な判断によって作成されるなどによるものである。

このように，会計は相対的であっても真実な報告を提供しなければならないが，そのためには一般に公正妥当と認められた会計原則などに準拠した処理・表示が要求される。それゆえ，会計原則などへの準拠性が真実性を保証する実践的な手段となる。それゆえ，この原則はまた，他のすべての一般原則などを遵守することを要請する原則でもある。このような信頼性を高めるために，さらに独立した外部の第三者により監査が行われることも大切である。

(2)　正規の簿記の原則（principle of an orderly system of bookkeeping）

正規の簿記の原則とは，「企業会計は，すべての取引につき，正規の簿記の原則に従って，正確な会計帳簿を作成しなければならない。」というものであり，企業会計上，すべての取引を，一定の要件を満たす正規の簿記によって，真実性を保証するのに足る正確な会計帳簿を作成することを要求する原則である。

ここに**正規の簿記**とは，企業の経営状況を報告するに当たり，真実性を保証するに足る適格性のある簿記のことである。そして，この**適格性**としては，記録の網羅性・立証性及び秩序性という３要件が要求される。

したがって，正規の簿記として，この要件をすべて満たす複式簿記が実務上一般に採用されている。このように，正規の簿記の原則は，記録形式の面から真実性を支える包括原則であると位置づけられ，また，財務諸表を信頼しうる帳簿記録に基づいて誘導法により作成することを要求する原則でもある。

⑶ 資本と利益の区別の原則（principle of distinction between capital and income transactions）

資本と利益の区別の原則とは，「資本取引と損益取引とを明瞭に区別し，特に資本剰余金と利益剰余金とを混同してはならない。」というものであり，資本の維持計算とその運用によって生じた利益の計算とを正しく区別して行うために，資本取引と損益取引とを明瞭に区別し，特に資本取引から生じる資本剰余金と損益取引から生じる利益剰余金とを混同してはならないこと，すなわち，資本と利益を明瞭に区別すべきことを要求する原則である。

会計上，資本の種類としては，図３－１のように，最広義には，①経営財務論的な意味での総資本（自己資本と他人資本の合計額），広義には②株主資本（純資産）の部という意味での（自己）資本，狭義には③企業に拠出された元手としての資本（資本金＋資本剰余金），さらに最狭義には④会社法上の資本（資本金）などがあり，資本と利益の区別で使用されるのは③の意味である。

図 3－1　資本の意味（前提：純資産=自己資本（株主資本））

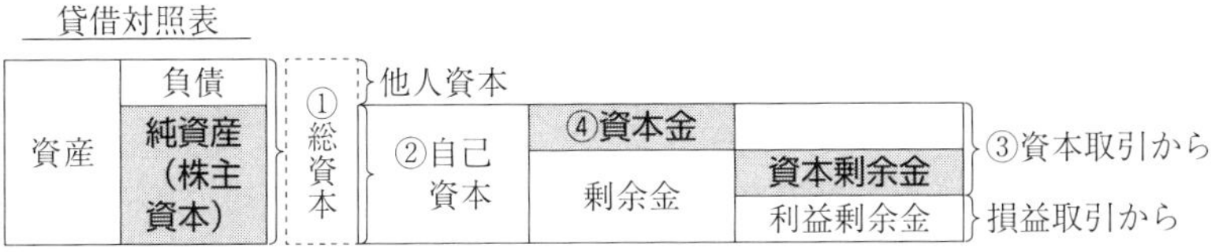

（出所）　岩崎［2000］21頁（一部修正）

この原則は，適正な損益計算を行うために，その取引源泉に基づいて資本と利益を区別しようとするものである。ここで**資本取引**（capital transactions）とは，資本そのものを直接増減させる取引すなわち資本の調達，払戻しないし修正取引のことであり，**資本**（owners' equity）とは，企業が社会的な給付活動を継続するために維持拘束すべき資金のことを意味する。すなわち，資本（資本剰余金を含む）の特質は，維持拘束性にある。他方，**損益取引**（income transactions）とは，調達された資本をうまく運用し，成果としての利益を稼得するための取引すなわち収益取引や費用取引のことである。ここで**利益**（profit）とは，調達された資本を企業の活動目的のために現実に運用する過程で生じた自己資本の増殖部分（成果）のことである。すなわち，利益（利益剰余金を含む）の特質は，処分可能性にある。そして，上述のような資本取引から生じた剰余金を**資本剰余金**（capital surplus）といい，損益取引から生じた剰余金を**利益剰余金**（earned surplus）という。ここで**剰余金**（surplus）とは，自己資本のうち資本金を超える部分の金額のことである。

(4)　明瞭性の原則（principle of clearness）

明瞭性の原則とは，「企業会計は，財務諸表によって，利害関係者に対し必要な会計事実を明瞭に表示し，企業の状況に関する判断を誤らせないようにしなければならない。」というものであり，**公開性の原則**（principle of disclosure）ともいい，企業会計上，財務諸表によって，株主などの利害関係者に対して企業の経営状況についての必要な会計事実を明瞭に表示することにより，利害関係者が意思決定を行う際に企業の状況に関する判断を誤らせないようにし，さらに，より的確な判断ができるようにすることを要請する原則である。

このためには，財務諸表の利用者が企業の経営状況を判断しやすいように明瞭に財務諸表を表示することが必要であり，明瞭性を高める方法として，例えば，財務諸表の様式，分類，区分，科目の配列，総額主義，注記及び附属明細表などの方法が工夫されている。

表３－３　主な明瞭性を高める方法

高める方法	具　体　例　な　ど
表示様式	勘定式と報告式
分類	利益の発生源泉別分類，流動・固定分類など
区分	営業損益の部，流動資産の部など
科目の配列	流動性配列法など
総額主義	総額での表示
注記	会計方針，財務諸表の注記など
附属明細表	有価証券明細表，有形固定資産等明細表など

財務諸表の**様式**（forms）については，図３－２のように，**勘定式**（account form：簿記におけるＴフォームと同様に，財務諸表上，勘定科目を左右に分けて表示する様式）と**報告式**（report form：上から下に順次書き下す様式）とがある。

図 3－2　財務諸表の様式

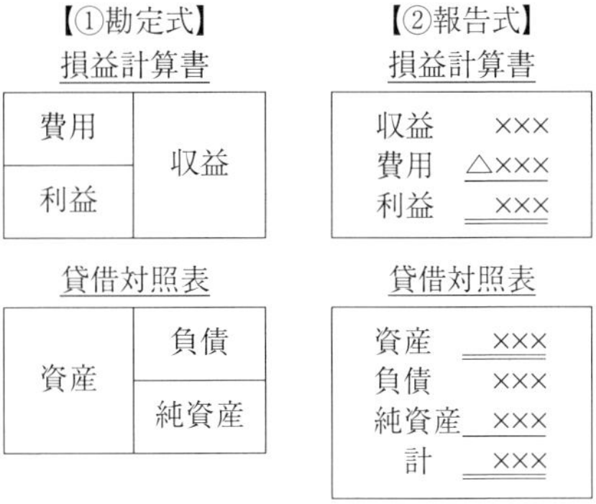

（出所）　岩崎［2000］23頁（一部修正）

また，**区分表示**（sectional display）は，損益計算書については，利益の質を明らかにするために，損益の発生源泉を明示するものである。

科目の配列については，**流動性配列法**（流動性の高いものから順次配列していく方法）と**固定性配列法**（固定性の高いものから順次配列していく方法）の２つがある。ここで**流動性**とは，現金への転化の速度のことであり，資産については現金として回収しうる速度，負債については現金で支払うべき速度をいう。そして，制度会計では，原則として流動性配列法によっている。

総額主義は，**純額主義**（ある項目と他の項目とを相殺した後の純額で示す方法）に対するもので，総額主義の原則により求められる。これによれば，損益計算書については，取引規模を明示するために，すべての収益及び費用を総額で表示することを要求するものである。また，貸借対照表については，財政規模を明示するために，すべての資産・負債及び純資産（資本）を総額で表示することを要求するものである。

注記（notes）は，財務諸表の本体では十分でないその他の補足的情報を利害関係者に提供するためになされるものである。これには，例えば，会計方針，後発事象，貸借対照表及び損益計算書に関する注記などがある。ここで**会計方針**（accounting policies）とは，企業が損益計算書及び貸借対照表の作成にあたって，その経営成績及び財政状態を正しく示すために採用した会計処理の原則及び手続並びに表示の方法である。

附属明細表（schedules）は，財務諸表が経営成績及び財政状態の一覧的な概括表示を意図して作成されるので，その重要項目についてその明細を表示し，情報を補足するためのものである。これには，その勘定の構成内容の明細を示すものと期中の増減をも示すものとがあり，主に貸借対照表に関連するものであり，財務諸表等規則によれば，例えば，有価証券明細表，有形固定資産等明細表などのようなものが挙げられている。

(5) 継続性の原則（principle of consistency）

継続性の原則とは，「企業会計は，その処理の原則及び手続を毎期継続して適用し，みだりにこれを変更してはならない。」というものであり，企業会計上の会計処理に当たり，原則として，その処理の原則及び手続を毎期継続して適用しなければならないことを要求する原則である。この継続性が問題となる前提としては，例えば，減価償却の方法としての定額法や定率法などのように，1つの会計事実について2つ以上の会計処理の原則などの選択が認められている場合である。この継続性が要請される理由としては，表3－4のように，一般に利益操作の排除と期間比較性の確保ということが挙げられる。

表3－4　継続性の要請理由

継続性の要請理由	利益操作の排除
	期間比較性の確保

次に，会計処理の変更することについて正当な理由がある場合には，変更が認められる。この**正当な理由**としては，例えば，著しいインフレーションの進行など社会的・経済的環境の著しい変動などのような**外部的要因**（企業の外部の事情により生じるもの）と，企業それ自体の営業目的や製造工程などの変更などのような**内部的要因**（企業それ自体の事情により生じるもの）とがある。

(6)　保守主義の原則 (principle of conservatism)

保守主義の原則とは，「企業の財政に不利な影響を及ぼす可能性がある場合には，これに備えて適当に健全な会計処理をしなければならない。」というものであり，**慎重性の原則**とも呼ばれ，企業の財政に不利な影響を及ぼすことが予想される場合には，適切で保守的な会計処理を，すなわち利益の過大表示を避けるように処理することを要求する原則である。ここで**健全な**あるいは**保守的な**とは，利益はできるだけ控えめに見積ることにより，実際の資産を帳簿の有高よりも充実させ，将来の不利な影響に備えることを意味する。会計上，保守主義は，①現行の会計計算構造の前提としての保守主義（収益は原則として実現主義により，費用は発生主義によって認識するもの），②（費用などの予見計算などにおける）判断基準としての保守主義，③財務政策上の保守主義の３つに分けることができる。そして，ここでの保守主義は，②のものを指している。

(7)　単一性の原則 (principle of singleness)

単一性の原則とは，「株主総会提出のため，信用目的のため，租税目的のためなど種々の目的のために異なる形式の財務諸表を作成する必要がある場合，それらの内容は，信頼しうる会計記録に基づいて作成されたものであって，政策の考慮のために事実の真実な表示をゆがめてはならない。」というものである。すなわち，株主総会承認用という株主総会目的のため，銀行から借入れをするという信用目的のため，あるいは税務署への税金の納付用という租税目的のためなど種々の目的で，異なる形式の財務諸表を作成する必要がある場合には，その形式は異なるものでもよいけれども，それらの内容は，信頼しうる会計記録すなわち正規の簿記に基づいて作成されたものであって，利益操作などの政策の考慮のために事実の真実な表示をゆがめてはならないことを要求するものである。

この単一性の内容について，次のように，２段階に理解することができる。すなわち，まず，単一性について，ここでは，**実質一元形式一元**（財務諸表の会計数値も表示形式もすべて同一でなければならないとするもの）を求める**絶対的単**

一性ではなく，**実質一元形式多元**（財務諸表の会計数値は同一であるが，表示形式は多様であってもよいとするもの）を求める**相対的単一性**を考えている。次に，この実質一元の解釈について，弾力的な解釈（客観的で信頼しうる会計記録に基づいているかぎり，仮に資産や収益などの最終的な合計額が異なるにしても，信頼性の意味で単一性を認めうるとする考え方）ではなく，厳格な解釈（真実な事実は1つであるべきであり，形式的にはどのような区分表示などをしても，資産・負債・純資産（資本）・収益及び費用の合計額が実質的に異ならないという考え方）をするものが採用されている。

(8) 重要性の原則（principle of materiality）

重要性の原則とは，「企業会計は，定められた会計処理の方法に従って正確な計算を行うべきものであるが，企業会計が目的とするところは，企業の財務内容を明らかにし，企業の状況に関する利害関係者の判断を誤らせないようにすることにあるから，重要性の乏しいものについては，本来の厳密な会計処理によらないで他の簡便な方法によることも正規の簿記の原則に従った処理として認められる。」というものである。そして，これは，企業会計原則上，一般原則としては掲げられてはいない。しかしながら，一般原則と同様に，会計全般に係る包括的な基本原則である。この原則は，利害関係者が企業の状況に関する判断を誤らせないかぎりにおいて，重要性の乏しいものについては，本来の厳格な会計処理によらないで，他の簡便な方法によることを認める，という実務上の簡便処理に関する原則である。

この原則には，積極的側面つまり重要性の高いものについての側面と消極的側面つまり重要性の乏しいものについての側面とがある。このうち企業会計原則の注解では後者のみを規定している。ここで**積極的側面**とは，企業の利害関係者の意思決定に重要な情報は，厳密で詳細な処理及び表示を要求するものであり，例えば，関係会社との貸借関係や取引などの特に危険性の高いものについては，通常より詳しい表示を要求する根拠となっている。他方，**消極的側面**とは，企業の利害関係者の意思決定にとって重要性の乏しい情報は，簡便な処理及び表示によっても，それは真実な報告として容認されるというものであり，実務上の便宜的な原則である。

次に，重要性の判断基準としては，**量的重要性**（会計処理及び表示における金額に関する重要性）と**質的重要性**（科目の性質について，特に危険性についての重要性）とがあり，両者を考慮して重要性に関する最終的な判断を行うべきである。

4　会計基準の設定機関

わが国の会計基準の設定は，従来においては，公的組織で，大蔵省（現在の金融庁）の諮問機関である企業会計審議会で行われていた。しかし，2001年以降においては，民間組織である公益財団法人：**財務会計基準機構**（Financial Accounting Standareds Foundation：FASF）の**企業会計基準委員会**（Accounting Standards Board of Japan：ASBJ）が行っている。

第4章　損益会計論

1　損益計算の意義

企業活動の主な目的は，社会に有用な商品やサービスを提供することにより**利益**（profit：資本の運用成果としてのその増加分のこと）を追求すること（**利益追求**という）である。すなわち，企業に投下された資本をうまく運用し，その増加（利益）を目的として行われる。この利益は企業の業績と見られ，それは税金や配当金の元となる。このような意味で，今日計算されている利益は，基本的に単に計算上の数値にとどまらず，処分可能な利益でもあることが期待されている。このために，企業の一会計期間における利益（**経営成績**という）を計算・表示する計算書が損益計算書である。

2　期間損益計算の方法

前述のように，会計の主要目的の1つは，適正な期間利益の計算であるが，利益計算の方法には，図4－1のような2つの方法があり，これを歴史的発展過程として実質面からとらえた場合，財産法から損益法へと変化して来ている。

図4－1　期間損益計算の方法

【財産法】（貸借対照表上）	期末純財産－期首純財産＝利益
【損益法】（損益計算書上）	収益－費用＝利益
変形：【損益計算書等式】	費用＋利益＝収益

ここで**財産法**とは，貸借対照表上の期首純財産と期末純財産との差額として利益を計算する方法であり，これは在高（ストック）計算としての利益計算として特徴づけられる。ここで**積極財産**（プラスの財産：positive properties）とは，現金や商品などの財貨や債権のことであり，**消極財産**（マイナスの財産：

negative properties）とは，借入金など将来財産が減少する債務のことをいう。そして，**純財産**（**正味財産**：net property）とは，積極財産から消極財産を差し引いたもののことをいう。なお，この方法による場合には，利益が一括計算されるため，その発生源泉を知ることができないという短所がある。この場合の利益は，期首と期末における財産の実地棚卸を前提として決定される。すなわち，ここで計算される積極財産と消極財産は，期首と期末において物的及び法的に存在するものに限定され，かつ資産の評価は一般に時価により行われる。

他方，**損益法**とは，損益計算書上で，一会計期間に属するすべての収益と費用とを対応させて利益を計算する方法であり，これは，一期間の収益と費用を把握して行う期間（フロー）計算及び源泉計算ないし原因計算として特徴づけられる。しかもこの場合の利益は，収益と費用及び資産と負債の正確な計算に依存している。この方法による場合には，利益の発生源泉が把握できるので，企業の収益力表示などに有用な利益計算方法である。なお，損益法は，その算式を変形すると**損益計算書等式**（損益計算書の構成要素である収益・費用・利益を等式の形で表したもの）が得られる。

3　会計制度上の利益の特質

会計における利益の報告目的には，一般に㋐経営状況の報告と㋑処分可能利益の算定表示がある。わが国の単体の会計制度は，金融商品取引法，会社法及び法人税法が密接に関連し合っており，いわゆる**トライアングル体制**となっている。しかも単一性の原則の要請によって，計上される利益は同一なものとなっている。このような状況のもとで，現行の会計制度，特に会社法会計では，処分可能利益の計算表示を主たる目的としている。すなわち，ここで計算される利益は，配当金などの形で処分できる，基本的には，原価・実現主義により認識された確実な利益である。他方，もう１つの企業の経営状況の報告という目的は，金融商品取引法会計において採用されており，利益の大きさとその発生源泉を表示することにより達成される。しかもこの目的は，会計の国際化の一層の進展に伴って，金融商品取引法会計上，前述の処分可能利益の計算・表示という枠内を超えて行われているのである。すなわち，経営状況の報告を無制限に主たる目的とする場合には，時価・発生概念により，時価の上昇による未実現の値上り益（**保有損益**という）などを利益として認識することが合理的であり，売買目的の有価証券などの評価について，現行の制度会計では，時価評価が行われている。

4　損益の認識原則

会計上，収益や費用をいつ計上するのかを決定することを**認識**（recognition）といい，その金額をいくらで計上するのかを決定することを**測定**（measurement）という。収益費用の認識原則としては，後掲図4－2のようなものがある。

(1)　収益費用の認識原則

①　現金主義の原則

これは，現金の受取り又は支払いに基づいて収益又は費用を認識するものである。そして，このように，収益費用の認識原理の面から見て，現金の収入と支出の差額を損益とする損益計算方式を**現金主義会計**（cash basis accounting）という。これによる場合には，もっとも確実で客観的な計算ができる。しかし，現在の**信用経済社会**（現金のみではなく，手形，掛，小切手，カードなどという信用を用いて取引を行う社会のこと）においては，この方式による場合には，企業の経済活動の状況を損益計算書上に適切に反映できないという欠点がある。

②　発生主義の原則

これは，経済価値の増加又は減少が生じたときに収益費用を計上するものである。そして，このように，収益費用の認識原理の面から見て，価値の増減時点を基礎として，発生収益と発生費用に基づいて，当期の損益を計算する損益計算方式を**発生主義会計**（accrual basis accounting）という。これによる場合には，企業の経済活動の状況を損益に反映できるという長所がある。しかし，客観性や確実性に欠ける面があり，特に収益の認識に関しては，これが欠点となる。なお，収益認識を発生主義による場合には，価格変動に伴う未実現の値上り益も計上することになり，一般に資産評価原則としての時価主義と結びつくことになる（**時価・発生主義**という）。なお，現行の会計は制度的には基本的に発生主義会計であるが，収益の認識については，売買目的有価証券などの一部のものを除き，基本的に実現主義によっており，この限定を受けている。

③　実現主義の原則

これは，経済価値の増加又は減少が**確実**（すなわち後で取り消されない事実となること）になったときに，収益又は費用を認識するものである。これによれば，客観的で確実な収益などの計上ができるという長所がある。なお，収益認識を実現主義による場合には，未実現収益の計上を排除するので，一般に資産評価原則としての原価主義と結びつくことになる（**原価・実現主義**という）。

図４－２　収益費用の認識原則

時の経過	→	→	→
事象	発生	確実	現金決済
認識原則	発生主義	実現主義	現金主義
確実性	△	○	◎
状況反映	◎	○	△

（注）　△：あまり良くない，○：良い，◎：非常に良い
（出所）　岩崎［2000］41 頁（一部変更）

⑵　費用配分の原則

商品や固定資産などの資産は，企業活動の進行に伴って資産価値の費消が生じる。この場合には，図４－３のように，その費消部分について，当期の費用として配分（**費用化**という）していく手続きが必要であり，これを**費用配分の原則**という。この原則の適用対象となる資産は，基本的に棚卸資産，固定資産及び繰延資産などの**費用性資産**（販売・使用や時の経過などによって費用に転化していく性質の資産のこと）である。すなわち，後で詳述するけれども，図４－３

のように，例えば，棚卸資産では，販売部分を売上原価（費用）へ配分し，また固定資産では，使用などに伴って生じた価値減少部分を減価償却手続きによって**減価償却費**（費用）へ配分していくこととなる。

図 4－3　費用配分の原則

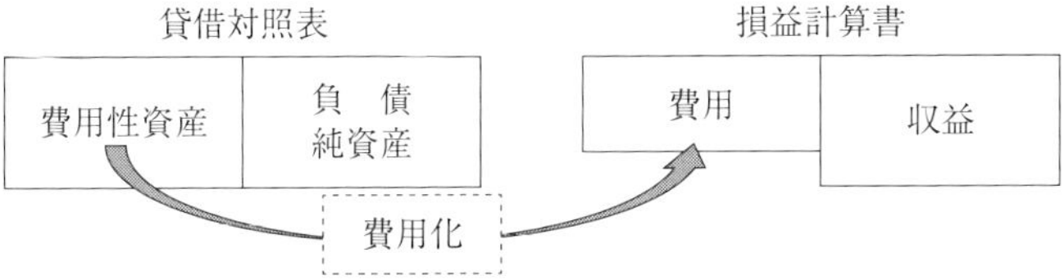

(3)　費用収益対応の原則

費用の認識は，第１段階として発生主義の原則によっており，費用は経済価値の減少が発生したときに認識される（**発生費用**という）。そして，第２段階として実現収益と対応されるべき費用については，このようにして認識された発生費用がすべてその期間の費用となるのではなく，そのうち当期の収益に対応する部分のみがその期間の費用となり，残りの部分は次期へと繰り越される。このような期間帰属決定原則を**費用収益対応の原則**という。例えば，商品 10 個を仕入れ，当期中に６個だけ販売した場合には，６個部分が売上原価（費用）として売上（収益）に対応させられ，残り４個は繰越商品（資産）として次期に繰り越される。

(4)　損益計算書の表示

損益計算書の表示に関して，前述のように，明瞭性を高める方法として主なものは，次のようなものがある。

①　損益計算書の表示形式

損益計算書の表示形式には，前述のように，勘定式と報告式がある。専門家には，一般に勘定式の方が分かり易いが，一般の人たちには，報告式の方が理解し易い。

② 損益計算書の区分

損益計算書の区分には，前述のように，営業損益，経常損益及び純損益の各区分がある。このような区分を行うことによって，利益の質の評価が可能となる。

③ 総額主義

損益計算書の表示には，総額主義と純額主義がある。このうち，前述のように，総額主義を採用することによって，すべての収益及び費用が表示され，その結果，取引規模が明示される。

5　損益計算の体系

(1) 伝統的な損益計算制度

わが国の従来の損益計算制度は，図４－４のように，大枠において基本的には，発生主義会計によっており，現金収支の有無にかかわらず，企業資金の運用過程における価値の増減事実の発生時点で収益費用を認識してきた。ただし，収益の認識は，処分可能な利益の算定という会計目的との関連で基本的には，実現主義の原則によってきた。ただし，売買目的有価証券など一部のものについては発生主義の原則によっている。この場合，利益の計算方法としては，**損益法**すなわち一会計期間に属するすべての収益と費用とを対応させて利益を計算する方法によってきた。このように，収益の認識は，実現主義の原則ないし発生主義の原則によっており，収益は，経済価値の増加が実現ないし発生したときに認識し，この実現収益ないし発生収益がその期間の期間収益とされてきた。

他方，費用の認識は，第１段階としては，発生主義の原則によっており，費用は，経済価値の減少が発生したときに認識されてきた（このようにして計上される費用を**発生費用**という）。そして第２段階として実現収益と対応されるべき費用については，このようにして認識された発生費用がすべてその期間の費用となるのではなく，そのうち当期の収益に対応する部分のみがその期間の費用

（**期間費用**という）となり，残りの部分は，資産として次期へと繰り越されてきた。このような期間帰属決定原則を**費用収益対応の原則**という。

また，収益の測定は，**取引価額主義**（**収支額主義**ともいう）すなわち取引価額又は公正価値によっており，具体的には，取引による収入額などを基礎として行われてきた。

他方，費用の測定も，**取引価額主義**又は公正価値によっており，具体的には，取引による支出額などを基礎として行われてきた。このような収益費用の認識測定は，現在においても，中小企業を中心として行われている。

図 4－4　伝統的な期間損益計算の体系

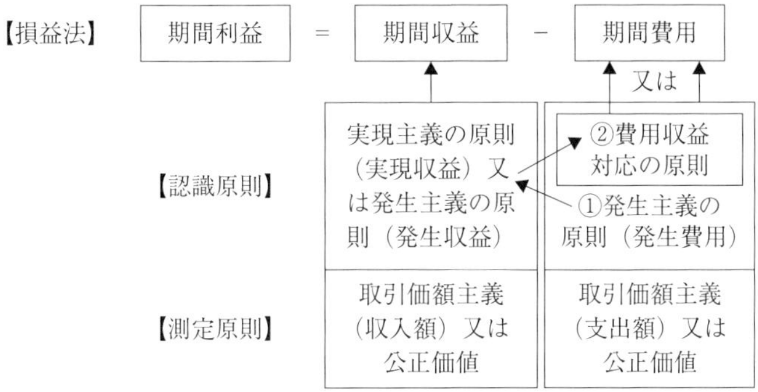

（出所）　岩崎［2000］42頁（一部変更）

(2)　新しい収益認識基準の概要

新たな収益認識基準として，わが国の企業会計基準委員会（ASBJ）は，2018年3月に新たな収益会計基準である企業会計基準第29号「収益認識に関する会計基準」（**収益認識基準**という）を公表した。これは，2014年に国際会計基準審議会（IASB）が公表した国際財務報告基準（IFRS）第15号「顧客との契約から生じる収益」に相当するものである。すなわち，表4－1のように，従来においてわが国においては，収益費用アプローチ（収益費用から財務諸表の構成要素の定義を始めるもので，収益と費用の差額を利益と考えるアプローチ）の観点から実現主義に基づき取引による財貨・サービスのフローに着目して収益を認識してきたが，新基準では，資産負債アプローチ（資産負債から財務諸表の構成要素の定義を始めるもので，期首・期末における純資産（資本ないし持分）の差額を利益と考えるアプローチ）に基づき履行義務というストックに着目し，その変動により収益を認識することとしている。

表 4 － 1　収益認識基準の特徴

制　　度	アプローチ	基　　準	着　　目
伝統的な基準	収益費用アプローチ	実現主義	フロー
新しい基準	資産負債アプローチ	義務の減少	ストック

この基準の基本的な考え方は，表4－2のように，国際的比較可能性の確保の観点からIFRSを基本的にすべて受け入れるけれども，国内の適用上の課題に対処するため，代替的な取扱いを追加し，許容している，というものである。

表 4 － 2　収益認識基準の基本的考え方

（わが国の）収益認識基準＝IFRS＋代替的取扱

この基準の適用に関しては，連単一致の考え方の下に，大企業に2021年4月以降の会計年度から適用されるが，中小企業については，いわゆる**中小企業会計指針**や**中小企業会計要領**によるものとなっている。

この新しい収益認識基準では，IFRSの考え方と同様に，収益認識は，表4－3のように，次の5段階ステップを経て行うこととしている。

表 4 － 3　収益認識の 5ステップ

①　契約の認識
②　履行義務の識別
③　取引価格の算定
④　履行義務に取引価格の配分
⑤　履行義務の充足時点での収益認識

(3) 収益認識

ここで収益認識の基本原則は，顧客への財等の移転より企業が権利を得ると見込まれる対価額（**取引価額主義**ないし**取引対価主義**）で収益認識する，ということである。

① 契約の認識

収益認識の第１ステップは，会計処理の対象となる**契約を認識**することである。ここで**契約**とは，例えば，書面や口頭などによる企業と顧客の間に法的強制力のある権利義務を生じさせるような取り決めをいう。なお，このような識別された契約であっても，両当事者が完全に未履行の段階では，従来と同様に，収益認識の対象とならない。

② 履行義務の識別

第２ステップは，契約に含まれる**履行義務を識別**することである。この場合，１つの契約が複数の履行義務から構成される場合には，認識された履行義務のそれぞれが収益認識の単位となる。ここで**履行義務**とは，顧客との契約において，財やサービスを顧客に移転する約束のことである。

③ 取引価格の算定

第３ステップは，**取引価格の算定**である。すなわち，収益の金額は，取引価格に基づいて測定する。ここに**取引価格**とは，財やサービスを顧客に移転するのと交換に，企業が権利を得ると見込まれる対価の時価評価額である。

④ 履行義務に取引価格の配分

第４ステップは，上述のようにして認識された**履行義務に取引価格を配分**することである。履行義務が１つの場合には，問題ないけれども，２つ以上である場合には，取引開始日の独立販売価格（独立した取引当事者の間で生じる公正な取引価格のこと）の比率に基づいて，取引価格を履行義務に配分する。

⑤ 履行義務を充足した時点での収益認識

第５ステップは，**履行義務の充足による収益認識**である。すなわち，企業が履行義務を充足することによって収益を認識する。ここで**履行義務の充足**とは，約束した財やサービスに対する支配が，企業から顧客に移転することをいう。

⑷　重要性等の適用

収益認識に関する重要性の適用について，一般的な重要性については，従来通りである。ただし，個別項目の重要性等については，代替的取扱いとして，わが国独自の方法を適用上の便宜として認めている。なお，これについては，会計基準に規定されている項目のみが例外的に容認されることとなる。この**代替的な取扱いの例**としては，例えば，重要性の乏しいものの取扱い，出荷基準の選択，短期の工事契約・受注ソフト，契約に基づく収益認識の単位・取引価格の配分，工事契約などの収益認識の単位などがある。このうち，例えば，出荷基準について，国内で販売する商品などについて，出荷時から支配移転の時点（たとえば，検収時）までの期間が「通常の期間」である場合には，検収時などではなく，例外として支配移転時までの一時点（出荷時など）に収益の認識することができることとなっている。

⑸　従来の会計処理に影響を与えるもの

収益認識の時期に関して，**従来の会計処理に影響を与えるもの**の例としては，例えば，表４－４のようなものがある。

表４－４　従来の会計処理に影響を与えるもの

項　　目	内　　容
①　割賦販売	販売時に収益を認識するので，割賦基準は認められなくなったこと
②　返品権付販売	返品調整引当金は認められなくなり，予想返品部分は収益を認識せず，返品負債を認識すること
③　製品保証	㋐　保証が合意された仕様に従って機能することの保証の場合には，製品保証引当金で処理し， ㋑　顧客にサービスを提供する保証の場合には，当該保証を履行義務として識別すること
④　ポイント	ポイント部分は履行義務として識別し，収益の計上が繰延べられる。なお，ポイント部分については，従来と異なり，収益計上できないので，ポイント引当金の計上は認められないこと
⑤　売上リベート	取引の対価に変動性のある金額が含まれる場合には，その変動部分の額を見積り，認識した収益の著しい減額が発生しない可能性が高い部

	分に限り取引価格に含めること
⑥　ライセンスの供与	次のいずれかで判断する。㋐ライセンス期間にわたり存在する企業の知的財産にアクセスする権利の場合には，一定の期間にわたり収益を認識し，㋑ライセンスが提供される時点で存在する企業の知的財産にアクセスする権利である場合には，一時点で収益を認識すること
⑦　商品券	未使用になると見込まれる部分に関しては，他の使用部分の収益の認識に比例して収益を認識し，その他の未使用部分に関しては，使用される可能性が極めて低くなったと判断された時点で，収益を認識すること
⑧　入会金	原則として返金が不要な契約における取引開始日の顧客からの支払いは，将来の財等に対する前払いであるため，当該財等が提供された時に収益を認識すること

6　実現主義の原則の内容

収益認識原則としての**実現主義の原則**は，通常の商品などの販売において，現金収入の有無にかかわらず，実現すなわち経済価値の増加が確定的になることという経済的事実に基づいて収益を認識するものであり，この具体的な基準として**販売基準**がある。

実現の要件として，一般に，表４－５のような２つのものが挙げられる。すなわち，履行義務の充足としての財貨又は用役の顧客への引渡しと，その対価の受入れである。

表４－５　実現の要件

①　給付の提供	財貨又は用役（サービス）の顧客への引渡しが完了していること
②　対価の受領	その対価として客観的に測定可能な現金又は現金同等物の受領があること

収益認識原則として実現主義の原則の特徴は，表４－６のとおりである。

表４－６　実現主義の原則の特徴

実現主義の原則の特徴	内　　容
①　計上額の客観性	実現（通常は販売）により計上額が客観的かつ明確になること
②　資金的裏付け	計上された利益は配当金や法人税などとして処分可能な利益でなければならない。この場合，実現主義により資金的裏付けのある収益が計上できること
③　対応する費用の確定性	一般に，それに対する費用の金額も確定するので，正確な期間損益計算ができること

すなわち，実現主義による場合には，実際の取引に基づくので，収益の計上額が客観的であること，資金的な裏付けがあること及びそれに対応する費用が確定することが挙げられる。

7　販売形態別の収益認識基準

実現主義の原則の具体的な適用基準として，販売基準などがある。この適用について商品の販売形態ごとに見ていくことにする。なお，商品の販売形態には，商品の引渡しや代金の支払いについて，特殊な状態や関係がない**一般商品販売**と特殊な状態や関係がある**特殊商品販売**とがある。そして，後者の場合には，原則的な販売基準以外にも例外的な認識基準（処理方法）が認められている。

(1)　通常の商品販売

通常の商品販売については，商品の引渡しや発送などによって販売事実があり，履行義務を充足したと認められた時点で売上を計上する（販売基準）。

【例：販売基準】
甲社は，商品Ａ¥100を得意先に現金で販売した。

（借）現	金	100	（貸）売	上	100

(2) 特殊商品販売

特殊商品販売には，委託販売，試用販売，予約販売，割賦販売，長期請負工事などがある。

① 委託販売

委託販売（consignment sale）とは，ある業者（委託者）が，一定の手数料を支払って自己の商品の販売を他人（受託者）に委託する形態で行われる商品販売のことである。

この場合，売上収益は，原則として，**受託者**（商品の販売の委託を受けた者）が委託品を販売した日に収益を計上する（**販売基準**）。それゆえ，決算日までに販売された事実が判明した場合には，仕切精算書（又は売上計算書）の到着にかかわりなく，販売された期に売上計上をする。

ただし，例外として，中小企業（非上場企業）について売上計算書が販売のつど送付されている場合には，その計算書の到着した日をもって，売上収益実現の日とすることも認められている（**売上計算書到着基準**）。

【例：売上計算書到着基準】

① 甲社は委託販売のため乙社に商品¥400を発送した。

（借）積　送　品	400	（貸）仕　　入	400

② 上記の商品全部について乙社から次の売上計算書と共に，小切手¥630が送られてきた。

売上計算書

売上高	700
差引：販売手数料 10%	70
	630

（借）現　　金	630	（貸）積送品売上	630
（借）仕　　入	400	（貸）積　送　品	400

② 試用販売

試用販売（approval sale）とは，商品をあらかじめ得意先に送付して，試用してもらい，気にいった場合に買ってもらうという販売である。

この場合，売上収益は，試用のために商品を得意先に送付しただけで計上できず，相手方が買取りの意思表示（明示又は黙示すなわち得意先の明示の買取りの意思表示はなくても，試用期限が定められており，かつ，その期限が経過した場合には，買取りの意思表示があったとみなすもの）をした日に計上する（販売基準）。

【例：試用販売】

①　甲社は，乙社に試用販売の条件で商品￥600（原価￥400）を送付した。

（借）	試用品	400	（貸）仕入	400

②　乙社から上記商品を買い取る旨の通知があった。

（借）	売掛金	600	（貸）試用品売上	600
（借）	仕入	400	（貸）試用品	400

③　予約販売

予約販売（sale by subscription）とは，商品を将来引き渡すことを約束して，あらかじめ一部又は全部の予釣金を受け取って行われる販売である。この場合，売上収益は，受け取った予約金のうち顧客に商品を引き渡した分だけを引渡日に計上する（販売基準）。そして，残額は前受金で処理する。

【例：予約販売】

①　甲社は乙社より予約販売の予約金￥300を現金で受け取った。

（借）	現金	300	（貸）前受金	300

②　甲社は上記の商品￥800（売価）を乙社に引き渡した。

（借）	前受金	300	（貸）予約売上	800
	売掛金	500		

④　割賦販売

割賦販売（installment sale）は，比較的値段の高い商品の販売にさいして，代金を月賦などの形で一定の期間に分割して受け取ることを条件として商品を販売するものである。　この場合は，売上収益は，通常の掛売りと同様に，商品を販売した日に計上する（販売基準）。

【例：割賦販売】

① 甲社は商品￥130（原価￥100）を10ヵ月の月賦で乙社へ販売した。

（借）	割賦売掛金	130	（貸）割　賦　売　上	130

② 第１回目の割賦代金を期日に入金した。

（借）	現　　　　金	13	（貸）割賦売掛金	13

⑤ 請負工事

請負工事とは事前に予定価格を決めて請け負う工事のことである。この請負工事の収益認識については，①一定の期間にわたり充足される履行義務のものと，②一時点で充足される履行義務のものとに分けられ，前者①に属するものはさらに，㋐履行義務の充足に係る**進捗度**《しんちょくど》（工事の進行割合のこと）を合理的に見積ることができる場合と㋑見積れない場合とがある。そして①㋐については従来の**工事進行基準**が適用され，①㋑については新たに**原価回収基準**（履行義務を充足する際に発生する原価のうち回収することが見込まれる原価の額をもってその事業年度の収益の額とする方法のこと）が導入された。また，②については従来の**工事完成基準**が適用される。

なお，工事進行基準による場合には，工事収益は，表４－７のように計算する。

表４－７　工事進行基準による工事収益の算式

工事請負価額×工事進捗率＝当期工事収益

【例：工事進行基準】

請負価額￥15,000（工事原価￥10,000）の工事が当期中に進行しており，当期に発生した工事原価は￥5,000であった。工事進行基準による処理をしなさい。

（借）	工　事　原　価	5,000	（貸）材　料　費　等*1	5,000
（借）	工事未収金	7,500	（貸）工　事　収　益*2	7,500

＊1：工事原価の内訳要素（材料費，労務費，経費）

＊2：7,500 ＝ 15,000 × 5,000 ÷ 10,000

【例：工事完成基準】
請負価額￥15,000（工事原価￥10,000）の工事が当期末に完成し，引渡した。工事完成基準による処理をしなさい。

(借) 工　事　原　価	10,000	(貸) 材　料　費　等*	10,000
(借) 工 事 未 収 金	15,000	(貸) 工　事　収　益	15,000

＊：工事原価の内訳要素（材料費，労務費，経費）

8　費用の具体的認識

(1)　発生費用の認識方法

費用の認識原則としての発生主義の原則の適用に当たり，経済価値の費消事実の現れ方は，それらの種類によって異なり，表4－8のように，数量法，時間法，測定法，支払法，発生法，引当金法などに分類できる。

表4－8　発生費用の認識方法

認識方法	内　　容	適　用　例
①　数量法	財貨の費消数量に基づいて費用を認識する方法であり，継続記録法と実地棚卸法とがある。	商品などの棚卸資産の費消額の計上
②　時間法	財貨用役の費消額を時の経過を基準として認識する方法	固定資産の減価償却や繰延資産の償却など
③　測定法	用役の費消量をメーターなどの測定装置により把握し，これにより費用を認識する方法	水道光熱費，動力費など
④　支払法	用役費消額を請求書，領収書などの証拠書類に基づいて確認し，費用を計上する方法	交際費，修繕費，広告宣伝費など
⑤　発生法	財貨などの減少が発生した時に費用を認識する方法	品質低下や陳腐化，盗難，災害など
⑥　引当金法	将来において財貨用役の費消がなされると予想され，その原因が当期以前に存在している場合，これを当期の費用として見積計上する方法	貸倒引当金，修繕引当金など

ここで**数量法**とは，財貨の費消数量に基づいて費用を認識する方法であり，継続記録法と実地棚卸法とがある。また，**時間法**とは，財貨用役の費消額を時

の経過を基準として認識する方法であり，**測定法**とは，用役の費消量をメーターなどの測定装置により把握し，これにより費用を認識する方法である。そして，**支払法**とは，用役費消額を請求書，領収書などの証拠書類に基づいて確認し，費用を計上する方法であり，**発生法**とは，財貨などの減少が発生した時に費用を認識する方法である。最後に，**引当金法**とは，将来において財貨用役の費消がなされると予想され，その原因が当期以前に存在している場合，これを当期の費用として見積計上する方法である。

(2)　費用認識と支出のパターン

費用の認識を現金支出との関係からまとめると，図4－5のように，次の3つのパターンに分けられる。

図4－5　費用認識と支出の関連

パターン	具体例	内容
①　支出➡費用	数量法，時間法など	資産が費用化していくもの
②　支出＝費用	支払法など	支出が同時に費用となるもの
③　費用➡支出	引当金法など	先に費用を見積計上するもの

（出所）岩崎［2000］49頁（一部変更）

第1は，例えば，固定資産のように，まず支出が生じ，それが費用化していくようなものであり，多くの資産は，これに属し，費用配分の原則に基づいて費用化がなされる。第2は，例えば，交際費のように，支出と同時に費用が発生するものである。販売費及び一般管理費のなかには，これに属する費用も多い。第3は，例えば，賞与引当金のように，まず費用を見積計上しておき，後で実際に賞与などの形で支出がなされるものであり，引当金法などの項目がこれに属する。

第５章　貸借対照表会計論

1　静態論と動態論

貸借対照表の本質をどのようにとらえるかについて，会計理論の発展過程からみれば，静態論による静的貸借対照表から動態論による動的貸借対照表へと変遷してきた。そして，近年では，さらに後述のように，新しい静態論と呼ばれることがある資産負債アプローチへと移行しつつある。

(1)　静態論による静的貸借対照表

静態論は，図５－１のように，財産計算を主な会計目的とするものであり，貸借対照表の本質を，債権者を保護するために，一定時点（通常，期末）における財産状態の表示すなわち債務の返済能力の表示に求めるものである。しかも，そこでは貸借対照表を会計の仕組みの中心として位置づけるものである。

図５－１　財産状態の明示

貸借対照表（財産状態）

積極財産	消極財産
	純財産

この貸借対照表は，実地棚卸という棚卸法に基づいて作成され，その内容は，借方に**積極財産**（プラスの財産）としての資産が，そして貸方に**消極財産**（マイナスの財産）としての負債及び**純財産**（正味財産）が表示される。さらに，利益計算は，図５－２のように，損益計算書ではなく，貸借対照表上の期首と期末の純財産を比較してなされること（**財産法**という）になる。

図５－２　期間損益の計算方法

【財産法】（貸借対照表上）	期末純財産－期首純財産＝利益
【損益法】（損益計算書上）	収益－費用＝利益

この場合，資産として貸借対照表に計上できる資格（**貸借対照表能力**という）としては，**財産性**すなわち個別的にそれが売却できること（**個別的売却可能性**という）が要求される。具体的には，財貨と法律上の権利のみがこの要件を満たすものとなる。そして，資産は負債を返済するための手段として位置づけられるので，その評価は，基本的に売却時価でなされる。また，負債は，法律上の義務に限られ，今日計上されているような引当金などは計上されないことになる。

(2)　動態論による動的貸借対照表

動態論は，損益計算を会計の中心目的とするので，損益計算書が重視され，貸借対照表は損益計算書の補助手段として位置づけられる。そして，貸借対照表を期間損益計算構造の面から見た場合，それは当期の損益計算と次期の損益計算とを結びつける連結環として機能（**連結環機能**という）することになる。すなわち，貸借対照表は，その期の収益・費用とならなかった収入・支出の項目（**収支の未解決項目**という）を，期末に一時的に集めて作成される。それによって，貸借対照表は当期の適正な損益計算に役立つと共に，次期以降の損益計算の出発点となる。なお，貸借対照表は期中における帳簿記録から誘導されて作成されることになる（**誘導法**という）。また，利益計算は，図５－２（前掲図）のように，貸借対照表ではなく，損益計算書で収益から費用を差し引いてなされること（**損益法**という）になる。

なお，貸借対照表の本質は，また企業の一時点（通常，期末）における財政状態の表示という面からとらえることもできる。ここに**財政状態**（financial position）とは，企業資金の調達源泉と運用の状況のことであり，資金の調達源泉を示すのが貸方の負債・純資産（資本）であり，資金の具体的な運用形態を示すのが借方の資産である。

この場合，資産の貸借対照表能力（**資産性**という）としては，一般に，将来において収益を獲得する能力（**用役潜在力**ないし**サービス・ポテンシャルズ**：service potentials）が要求される。具体的には，財産性ある項目ばかりでなく，将来の収益獲得に貢献する能力があるものであるかぎり，費消済みの用役対価である繰延資産なども資産に含まれる。そして，その評価は，資金の具体的な運用形態を表すところから，原則として支出額すなわち原価による。

なお，図5－3のように，貸借対照表の構成要素を等式の形で示したものが**貸借対照表等式**である。この等式を変形すると資本を求める等式（**資本等式**という）が得られる。

図5－3　貸借対照表関係の等式

【①貸借対照表等式】　資産＝負債＋純資産（資本）
【②資本等式】（変形）　資産－負債＝純資産（資本）

2　資産負債アプローチと収益費用アプローチ

会計をどのように捉えるのかという会計観ないし利益をどのように捉えるのかという利益観について，表5－1のように，収益費用アプローチと資産負債アプローチがあり，歴史的には従来においては収益費用アプローチが採用されていたが，現在は資産負債アプローチへ移りつつある。

表5－1　利　益　観

利　益　観	内　　容	定　　義	算　　式
収益費用アプローチ （損益計算書アプローチ）	企業の効率性の測定値	収益と費用の差額	収益－費用＝利益
資産負債アプローチ （貸借対照表アプローチ）	企業の富の増加額	資産負債の増減額	期末純資産－期首純資産＝利益

①　収益費用アプローチ

収益費用アプローチは，**損益計算書アプローチ**と呼ばれることもあり，収益費用から財務諸表の構成要素の定義を始めるものである。そして，そこでは，利益は，企業の効率性の測定値であり，収益と費用の差額として定義され，企業活動の成果を示すものとして，成果としての収益とそれを稼得するための犠牲としての費用を対応させ，その差額として計算される。

② **資産負債アプローチ**

資産負債アプローチは，**貸借対照表アプローチ**と呼ばれることもあり，資産負債から財務諸表の構成要素の定義を始めるものである。そして，そこでは，利益は，企業の富の増加額を示すものとして資産負債の増減額として定義され，資産負債の期中の増減変化の結果としての純資産増加額として計算される。

3　貸借対照表の表示

貸借対照表の表示に関して，前述のように，明瞭性を高める方法として主なものは，次のようなものがある。

① **貸借対照表の表示形式**

貸借対照表の表示形式には，前述のように，勘定式と報告式がある。一般に専門家には，勘定式の方が分かり易いが，一般の人たちには，報告式の方が理解し易い。

② **貸借対照表の区分**

貸借対照表の区分には，前述のように，資産，負債及び純資産（資本）の各区分がある。さらに，資産の部は，流動資産，固定資産及び繰延資産に，負債の部は，流動負債及び固定負債に区分される。このような区分を行うことによって，財務安全性などの評価が可能となる。

③ **総 額 主 義**

貸借対照表の表示には，前述のように，総額主義と純額主義がある。このうち，総額主義を採用することによって，すべての資産及び負債が表示され，その結果，財政規模が明示される。

④ **配　列　法**

貸借対照表上の科目の配列については，前述のように，流動性配列法と固定性配列法の２つがある。ここに**流動性**とは，現金への転化の速さのことであり，資産については現金として回収しうる速度，負債については現金で支払うべき速度をいう。そして，制度会計では，原則として流動性配列法が採用されている。

⑤　流動・固定の区分基準

資産や負債を流動と固定に分類する基準（**流動・固定の区分基準**）には，次の２つがある。

㋐　（正常）営業循環基準

（正常）営業循環基準（(normal) operating cycle basis）は，正常な営業活動における運転資本の循環過程（現金→買掛金・支払手形など→商品→売掛金・受取手形など→現金）において現われるすべての資産及び負債を流動資産ないし流動負債とする基準のことである。すなわち，この基準に従えば，それが正常な営業循環過程にあるのであれば，たとえ売掛金などの回収期間などが１年以上のものであっても，流動資産・負債として表示する。なお，例えば，得意先の倒産に伴って売掛金が破産債権になるなどの債権などが異常のものとなった場合には，正常なものではないので，１年基準が適用されることになる。

㋑　１年基準

１年基準（one year rule）とは，通常，決算日の翌日から起算して１年以内に現金化ないし支払期日の到来する資産及び負債を流動資産ないし流動負債，１年を超えるものを固定資産ないし固定負債とする基準のことである。ただし，この１年基準の適用は，かなり弾力的である。例えば，有価証券については，１年基準の他に保有意図が加味されるし，また有形・無形固定資産は基本的には１年基準の考え方を基礎とするが，実務上最後まで固定資産として取り扱われることが多い。

このような流動・固定の区分を行うことによって，財務安全性などの評価が可能となる。

第6章　資産会計論

1　資産の意義と内容

(1)　資産の意義と内容

①　資産と財産

前述のように，資産と類似の概念として財産がある。**財産**とは個別的に売却可能なもののことで，例えば，商品・土地・建物や貸付金などの財貨と債権があり，これを**積極財産**という。反対に，将来財産が減少する要因となる債務が**消極財産**であり，例えば，借入金や買掛金などがある。そして，積極財産から消極財産を差し引いたものが**純財産**（正味財産）である。他方，資産は，前述のように，財産よりも広く，将来において収益を獲得する能力があれば，個別的売却可能性がなくても，資産とされる。

②　資産の意義と内容

資産（assets）とは，将来において収益を獲得する能力（**用役潜在力：サービス・ポテンシャルズ**：service potentials：資産性）があるもののことである。資産の評価は，資産が資金の具体的な運用形態を表わすところから，一般に事業用資産ないし費用性資産については支出額すなわち原価によるが，金融資産ないし貨幣性資産については収入額すなわち回収額ないし回収可能額などによる。

すなわち，現金，預金や売掛金などの**金融資産**（financial assets：非事業用資産）ないし**貨幣性資産**（monetary assets：貨幣と同様に，短期的に支払手段となりうる性質を持つ資産のことで，回収形態又は投下待機形態にある資産）については，原価主義の原則は適用されず，収入額すなわち回収額又は回収可能額を基礎とする評価ないし時価による評価がなされる。他方，商品や建物などの**非金融資産**（nonfinancial assets：金融資産以外の資産ないし事業用資産のこと），**非貨幣性資産**（nonmonetary assets：貨幣性資産以外の資産のこと）ないし**費用性資産**（通常の営業活動の進行に伴って費用に転化していく性質を持つ資産のことで，投下形態にある資産）については，基本的には原価主義の原則が適用され，支出額に基づいて評価がなされる。すなわち，これらの資産の貸借対照表価額は，その取得原価を基礎として費用配分の原則を適用して決定される。なお，費用配分の方法は，資産の形態により異なる。ただし，売買目的有価証券などについては時価評価がなされ，現行の制度会計では，混合測定主義会計となっている。

(2) 資産の分類

資産は様々な観点から分類できる。主な分類方法は，次のとおりである。

① 流動資産・固定資産・繰延資産分類

わが国の企業会計原則などでは，資産の分類について，流動資産・固定資産・繰延資産の３つに分けている。他方，IFRSでは，資産を流動資産と非流動資産に分けている。

② 金融資産・非金融資産（事業用資産）分類

これは，資産の評価の観点から資産を，基本的に公正価値などの時価で評価される金融資産と，原価評価が適用される非金融資産（事業用資産）とに分けるものである。

③ 貨幣性資産・非貨幣性資産（費用性資産）分類

上述のように，これは，資産の評価の観点から資産を，基本的に収入額すなわち回収額又は回収可能額を基礎とした評価がなされる貨幣性資産と原価評価（と費用配分）がなされる非貨幣性資産（ないし費用性資産）とに分けるものである。

2 資産の評価原則

(1) 資産の評価原則の概要

伝統的には，処分性のある適正な期間損益を計算するために，原則として，収益の認識では実現主義の原則を，そして資産の評価ないし測定では原価主義の原則を採用し，両者が車の両輪となってきた。ただし，現行の金融商品取引法会計においては，投資家などに有用な会計情報を提供するために，原価・実現主義に加えて，売買目的有価証券などの資産などについて時価・発生主義が加味されている。

資産の評価ないし測定では，前述のように，金融資産ないし貨幣性資産を除き，基本的には原価主義の原則が採用されているが，資産の評価の基礎としては，理論的には，原価（cost）と時価の２つが客観的なものとして考えられる。それゆえ，資産測定原理の面から見れば，前者の原価を採用して会計を行う場合には**原価主義会計**（historical cost accounting）となり，後者の時価を採用する場合には時価会計となる。

しかし，現行の会計制度では，その中間形態としての混合測定主義会計となっており，原価評価を基本としながらも売買目的有価証券などの一定の資産などについては時価評価が導入されている。

これらの資産の評価原則について，以下でもう少し詳しく検討していくことにする。

⑵ 原価主義

① 意　義

原価主義の原則とは，貸借対照表の資産と損益計算書の費用とを測定するための基本原則の一つであり，市場（交換）取引に参加する相互に独立した取引当事者の自主的な行動に基づいて財貨・用役（サービス）を取得するのに要した現金支出額（取得原価）を基礎として資産及び費用を評価する原則である。

② 取得原価の意味

取得原価の意味については，次の２つの見解がある。すなわち，原価主義の原則で問題とされる取得原価とは，外部から購入する場合には，その購入により支出した金額であり，内部で製造した場合には，それを製造するために支出した金額である，すなわち資産を取得するために支出した金額のことであるとする見解（**原価即事実説**）と，その資産の取得時における市場価格などを基礎とした公正価値であるとする見解（**原価即価値説**）とがある。

③ 採用根拠

一般的に，原価主義の原則が採用される場合の主な根拠は，表６－１のようなものがある。

表６－１　原価主義の採用根拠

採用根拠	内　　容
a　客観性	原価は，相手との同意に基づく取引の事実を表し，公平さと客観性（検証可能性）が得られること
b　未実現利益の排除	原価主義による場合には，時価主義による資産の評価益という未実現利益の計上を排除するので，収益の認識原則としての実現主義の原則と一致し，処分可能な利益の計算という会計目的とも合致し合理的であること
c　有用な評価原則	原価主義は，経営者が企業財産の管理運用についての受託責任を果たすために，また処分可能な利益を算定するためにも有用な評価原則であること

④ 対象資産

この原則は資産評価の原則であるが，これがすべての資産に対して適用されるわけではない。すなわち，前述のように，現金預金や売掛金などの金融資産ないし貨幣性資産については，原価主義の原則は適用されず，収入額を基礎とした評価ないし時価による評価がなされる。他方，商品や建物などの非金融資産（事業用資産），非貨幣性資産ないし費用性資産については，基本的には原価主義の原則が適用される。これらの資産の貸借対照表価額は，その資産の取得価額を基礎とし，原則として費用配分の原則を適用して決定される。

⑤ 費用配分の原則との関連

費用配分の原則（principle of cost allocation）とは，費用収益対応の観点から原価主義の原則により把握された取得原価を基礎として，それを当期の費用部分と次期以降に繰り越される原価部分とに分ける原則である。この場合，その原価部分におけるその評価は原価主義の原則によって行われる。したがって，費用配分の原則は，資産の原価主義の原則による評価の最大の根拠となる。

(2) 時 価 主 義

時価主義の原則は，一般に貸借対照表の資産を時価（公正価値や現在原価など）で評価する原則である。

時価主義は，資産などの現状について有用な情報を提供するために，資産を時価で評価する場合や，インフレーションとの関連でインフレーションの進行に対処するために，資本維持（ないし実態開示）の観点から資産を時価で評価する場合に採用される。

(3) 混合測定主義

これは，資産の測定において，資産の種類に応じて原価評価するものと時価評価するものとが混在するものである。現行のわが国の会計制度では，国際会計基準審議会の場合と同様に，この混合測定主義会計になっている。

3　資産の分類

(1) 企業会計原則上の分類基準

資産については，種々の観点から分類できるが，企業会計原則では，図6－1のようになされている。

図6－1　資産の分類

<table>
<tr><td rowspan="6">資産性</td><td rowspan="5">有</td><td rowspan="5">財産性</td><td rowspan="4">有</td><td rowspan="4">流動性</td><td>高</td><td colspan="2"></td><td>流動資産</td></tr>
<tr><td rowspan="3">低</td><td rowspan="3">有形性</td><td>有</td><td>有形固定資産</td></tr>
<tr><td>無</td><td>無形固定資産</td></tr>
<tr><td>－</td><td>投資その他資産</td></tr>
<tr><td>無</td><td colspan="4"></td><td>繰延資産</td></tr>
<tr><td>無</td></tr>
</table>

まず，**資産性**（用役潜在性すなわち将来における収益獲得能力があること）の有無で，資産に計上できるものとできないものとに分ける。そして，前者は，**財産**

性（個別的に売却可能であること）の有無により，それのない繰延資産とその他のものとに分けられる。さらに，財産性のあるものは，**流動性**（現金への転化の速さのこと）の高さにより，それの高い流動資産と低い固定資産とに分ける。最後に**有形性**（形があること）の有無により有形固定資産と無形固定資産とに分ける。このように分類することにより，企業の財政状態がより的確に伝達され，経営分析を行う場合に有用な情報を提供できることになる。

第７章　流動資産会計

1　流動資産の内容

流動資産（current assets）とは，固定資産に対する概念であり，現金及び比較的短期間に回収又は販売などにより現金化ないし費用化する資産のことである。ここで**比較的短期間**とは，一般に，１年以内に現金化もしくは費用化することをいうが，営業循環基準によるものはこの限りでない。すなわち，資産のうち営業循環基準及び１年基準により流動とされたものが流動資産とされる。

このように，流動資産と固定資産とに分類するのは，**財務安全性**（財務的な安全性すなわち債務の支払能力のこと）を表示するためである。例えば，企業の短期的な債務の支払能力を，**流動比率**（current ratio：流動資産に対する流動負債の比率のこと）などにより分析する場合などに有用である。

【流動比率】

$$流動比率 = \frac{流動資産}{流動負債} \times 100\%$$

2　流動資産の分類

流動資産は，表７－１のように，当座資産，棚卸資産及びその他の流動資産に分類することができる。

表７－１　流動資産の種類

流動資産	当座資産
	棚卸資産
	その他の流動資産

ここで**当座資産**（quick assets）とは，当座の支払いに役立つ金融資産ないし貨幣性資産のことであり，例えば，現金，預金，受取手形，売掛金，売買目的有価証券などがある。また，**棚卸資産**（inventories）とは，短期間内に販売ないし消費する目的で保有される資産のことであり，例えば，商品，製品，半製品，仕掛品や原材料などがある。

3　当 座 資 産

(1)　当座資産の意義

当座資産とは，当座の支払いに役立つ金融資産ないし貨幣性資産のことである。当座資産は，有価証券を除き，資金の回収形態ないし投下待機形態にある金融資産ないし貨幣性資産であるところから，その評価は収入額つまり回収額ないし回収可能見込額などで評価するところに特徴がある。このような当座資産を貸借対照表上で明示する理由は，企業の当座的な債務の支払能力を，**当座比率**（当座資産に対する流動負債の比率のこと）などにより分析できるようにするためである。

【当座比率】

$$\text{当座比率}=\frac{\text{当座資産}}{\text{流動負債}}\times 100\%$$

(2)　金 融 商 品

①　金融商品の意義

金融商品とは，表7－2のように，㋐一方の企業に金融資産を生じさせ，他の企業に金融負債を生じさせる契約，又は㋑一方の企業に**持分請求権**（株主などの所有主持分に対する請求権）を生じさせ，他の企業にこれらに対する義務を生じさせる契約のことである。前者㋐の例として，例えば，貸付金・借入金，受取手形・支払手形などがあり，後者㋑の例として，例えば，株式などがある。

表7－2　金融商品

金融商品	金融資産取引に係る契約
	金融負債取引に係る契約
	デリバティブ取引に係る契約

②　金融資産の種類

金融資産には，例えば，表7－3のようなものがある。

表7－3　金融資産

	分　　類	具　体　例
金融資産	現金	現金，外国通貨
	他の企業から現金その他の金融資産を受取る契約上の権利	貸付金，売掛金，受取手形，未収金，有価証券としての公社債（以上，**金銭債権**）など
	潜在的に有利な条件で他の企業とこれらの金融資産・金融負債を交換する契約上の権利	デリバティブの評価益
	他の企業の株式その他の出資証券	株式，出資証券（以上，**有価証券**）など

金融負債には，例えば，表7－4のようなものがある。

表7－4　金融負債

	分　　類	具　体　例
金融負債	他の企業に現金その他の金融資産を引き渡す契約上の義務	借入金，買掛金，支払手形，未払金，社債（以上，**金銭債務**）など
	潜在的に不利な条件で他の企業とこれらの金融資産・金融負債を交換する契約上の義務	デリバティブの評価損

③　金融資産負債の当初認識と測定

金融資産負債の当初認識は，原則として金融資産負債の契約上の権利義務を生じさせる契約を行った時に，その発生を認識する（**約定日基準**という）。なお，この場合の測定は，その時価により行う（**時価基準**という）。通常のケースでは，従来と同様に，取引価額が時価となる。

④　期末の評価

金融商品については，それぞれの種類に応じて期末の評価が行われる。

⑤　償却原価法

償却原価法とは，低額（高額）取得された債権（債券）について，その取得価額と額面との差額の性質が金利の調整であるときには，その差額を弁済期（償還期）に至るまで，毎期一定の方法で貸借対照表に加減する方法のことであり，利息法と定額法とがある。この場合，利息法が原則とされるけれども，実務上はむしろ計算が容易な定額法によることが多い。ここに**利息法**とは，債権（債券）の帳簿価額に実効利子率を乗じて，その期末評価額を計算する方法であり，他方，**定額法**とは，債権（債券）の金利調整額としての取得差額を取得日から弁済日までの期間で除して，各期間に損益を配分する方法（**期間按分法**という）である。

(3)　現　　金

会計上，**現金**（cash in hand）とは，直接的に支払いに充当しうる資産であり，通貨の他に通貨代用証券（手許にある当座小切手，送金小切手，送金為替手形，預金手形，郵便為替証書及び振替貯金払出証書など）もこれに含まれる。現金は，支払手段そのものであり，それ自体が測定基礎となっているところから，原則として評価の問題は生じない。ただし，外貨は，日本の通貨（**邦貨**：円）へ換算し，表示する。

(4)　預　　金

預金（cash at banks）とは，銀行や郵便局などの金融機関に対して預けた資金のことであり，預金，貯金及び掛金，郵便貯金，郵便振替貯金並びに金銭信託などがある。そして，預金の種類としては，一般に当座預金，普通預金，通知預金及び定期預金などがある。

(5) 営業債権

営業債権（operating credit）とは，主たる営業活動の結果として生じた債権のことで，受取手形や売掛金などがある。営業債権は，金融資産であり，また資金の回収過程にある貨幣性資産であるので，収入額すなわち回収可能見込額を基礎として評価される。それゆえ，将来において回収不能が見込まれる場合には，これに備えて貸倒引当金を設定し，それに相当する正常な貸倒見積額を営業債権から控除して表示する。なお，貸倒引当金は，表7－5のように，原則として債務者の財政状態や経営成績などの状況に応じて適切に区分し，適切な貸倒見積高を計上する。

表7－5　債権の分類と貸倒見積法

債権分類	貸倒見積法	内　　容
一般債権	貸倒実績率法	過去における貸倒実績率を基礎として貸倒見積高を計算する方法
貸倒懸念債権*	財務内容評価法	債権額から担保処分見込額と保証回収見込額を控除し，その残額について，債務者の財政状態などから貸倒見積高を計算する方法
	キャッシュ・フロー見積法	債権の発生（取得）当初の割引率で割り引いた現在価値の総和と債権の帳簿価額との差額を貸倒見積高とする方法
破産更生債権	回収不能見込全額損失計上法	債権金額から担保処分見込額と保証回収見込額を控除し，その残額の全額を貸倒見積高とする方法 貸倒見積高＝債権金額－(担保処分見込額＋保証回収見込額)

＊：貸倒が懸念される債権のこと

この例を，**科目別間接控除方式**（その債権が属する科目ごとに貸倒引当金を控除する形式で表示する方法）により示せば，次のとおりである。

【科目別間接控除方式による貸倒引当金の表示例】

売掛金1,000に対して貸倒引当金￥30を計上する場合

売　掛　金	1,000	
貸倒引当金	△30	970

（借）貸倒引当金繰入　30　（貸）貸倒引当金　30

⑹　営業外債権

営業外債権（non-operating credit）とは，営業取引以外の取引から生じた債権のことであり，短期貸付金や未収金などがある。それらのものは，1年基準に基づき流動資産と固定資産としての投資その他の資産とに分けられる。また，これらも金融資産であり，貨幣性資産に属するので，収入額すなわち回収可能見込額に基づいて評価する。

⑺　有価証券

①　意義と分類

有価証券（securities）とは，他社が発行した株式や公社債などのことである。有価証券は，その所有目的などの観点から，売買目的有価証券及び1年以内に満期の到来する社債その他の債券は（流動資産としての）**有価証券**と，それ以外の有価証券は（投資その他の資産としての）**投資有価証券**（investment securities）とに分けられる。この他に，特殊なものとしては，ある会社が他の会社を長期的に支配する目的で，議決権のある発行済株式の過半数を所有するなどして支配している場合，その支配されている側の株式が**子会社株式**（subsidiary company stock）であり，支配している側の株式が**親会社株式**（parent company stock）である。

また，**関係会社**（親会社，子会社，関連会社又はその他の関連会社という特殊な関係にある会社のこと）の株式を所有している場合には，**関係会社株式**（affiliated company stock）といい，関係会社の社債を所有している場合には，**関係会社社債**（affiliated company bond）という。さらに，自社が発行した株式をなんらかの理由により再取得し所有している場合には，**自己株式**（treasury stock）という。

②　取得原価と評価

有価証券の**取得原価**（acquisition cost）は，原則として，購入代価（定価）に手数料などの付随費用を加算し，これに平均原価法などの方法を適用して算定する。この平均原価法としては，移動平均法又は総平均法によることが多い。

取得原価＝購入代価＋付随費用

表７－６　金融商品取引法上の有価証券の評価

分　　類	評　　価	備　　考
売買目的有価証券	時価法	評価差額は損益計算書へ計上。洗替法又は切放法
満期保有目的の債券	原価法又は償却原価法	償却原価法に基づく加算額又は減算額は，当期の損益として処理
子会社株式及び関連会社株式	原価法	－
その他有価証券	時価法	・　評価差額は洗替法で，全部純資産直入法又は部分純資産直入法で税効果会計適用後の金額で処理 ・　連結財務諸表上，評価差額はその他の包括利益へ計上
時価のない有価証券		
社債その他の債券	原価法又は償却原価法	－
その他有価証券	原価法	－

（注）　**全部純資産直入法**とは，すべての有価証券評価差額を，税効果会計適用後の数値で，その他有価証券評価差額金として純資産の部に計上する方法であり，**部分純資産直入法**とは，含み益のある有価証券評価差額については，税効果会計適用後の数値で，その他有価証券評価差額金として純資産の部に計上し，他方，含み損のある有価証券評価差額については，損益計算書に計上する方法である。

金融商品取引法上での有価証券の期末における評価は，表７－６のように，⑴時価のある有価証券については，次のようになっている。まず，①**売買目的有価証券**（時価の変動により短期的に利益を得ることを目的として保有する有価証券のこと）については，その期末時価で評価する（**時価法**）。これにより生じる評価差額は，売却することについて事業遂行上等の制約がないので，当期の損益として処理する。②**満期保有目的**（満期まで保有することを目的としているもののこと）の債券（社債や国債など）は，原価法又は**償却原価法**（社債などの額面と取得価額ないし発行価額との差額を償還期にいたるまで毎期一定の方法で逐次貸借対照表価額に加算・減算する方法のこと）により評価する。これにより生じる加算額又は減算額は，当期の損益として処理する。③子会社株式や関連会社株式については，原価で評価する（**原価法**）。④上記の分類のいずれにも属しない持合株式などの有価証券（その他有価証券）については，事業遂行上などの必要性から直ちに売却を行えないこともあるので，時価で評価する（時価法）が，その評価差額は，当期の損益とはせず，税効果を調整して純資産の部に直接表示する（**純資産直入法**）。

他方(2)時価のない有価証券については，原価法又は償却原価法が適用される。

ただし，(3)市場価格のある有価証券については，①その時価が著しく下落し，かつ，回復の見込があると認められる場合を除き，時価をもって貸借対照表価額としなければならない（減損：強制評価減）。なお，ここに**著しい下落**とは，通常，時価が原価の２分の１以下に下がることをいい，**回復の見込がある場合を除き**とは，回復の見込が不明な場合ないし回復の見込がない場合をいう。

また，(4)「市場価格のない株式」については，その会社の財政状態を反映する株式の実質価額（**実価**という）が著しく低下したときは，相当の減額をしなければならない（減損：実価法）。実質価額は，株主が所有する企業に対する持分額（純資産額）であり，評価替を行う前後の１株当たりの実質価額を比較して計算する。

株式の実質価額＝１株当たりの実質価額×持株数

(8) デリバティブ

① デリバティブの意義と分類

デリバティブ（derivative financial instruments）とは，**金融派生商品**とも呼ばれ，**金融商品**（例えば，外国為替，通貨，金利，債券，株式などの原資産）の価格変動リスクを回避ないし低減すると共に，有利な条件での調達や効率的な運用を行うために開発されたもので，原金融商品から派生（derive）した取引ということでこの名前がつけられた。

わが国において**デリバティブ**とは，先物取引，先渡取引，オプション取引，スップ取引のことをいう。ここに**先物取引**（futures）とは，市場取引で，契約の時点での価格で，将来の一定日において一定の数量の（金融）商品等を売買する契約のことであり，例えば，有価証券（指数等）先物取引，金融先物取引，商品先物取引などがある。また，**先渡取引**（forward）とは，特定の対象物（例えば，通貨や金利等）を，将来の一定期日に一定価格で売買する取引のことである。これは，先物と異なり，相対取引であり，証拠金の差入れは不要であり，また，信用リスクを考慮しなければならない。これには，例えば，為替予約，金利先渡契約（FRA），為替先渡契約（FXA）などがある。そして，**オプション取引**（options）とは，市場取引で，契約の時点の価格で，将来の一定時点（又は一定期間）において特定の対象物を売買する権利であるオプションを売買する取引のことであり，例えば，有価証券オプション取引や（特定の）金融先物取引などがある。最後に，**スワップ取引**（swaps）とは，相対取引であり，当事者間で将来の一定期間にわたり，キャッシュ・フローを交換する取引のことであり，例えば，金利スワップなどがある。

②　デリバティブの認識と測定

デリバティブについては，有価証券と同様に，決済時ではなく，原則として契約の締結時に金融資産・負債の発生を認識しなければならない（**約定日基準**）。この場合，デリバティブ取引の価値は，権利と義務の純額であり，デリバティブ取引から生じる正味の債権・債務がそれぞれ金融資産・負債として認識される。なお，契約締結時には将来キャッシュ・フローの正味現在価値がゼロである場合が多い。しかし，その直後からデリバティブの価値は増減する。そして，デリバティブ取引により生じる債権・債務については，時価をもって貸借対照表価額とし，その評価差額は，**ヘッジ会計**（ヘッジ取引すなわちリスクを減殺するために行われる取引を処理するための会計処理のこと）の対象となるものを除き，当期の損益として処理する。

なお，ヘッジ会計としては，原則として**繰延ヘッジ会計**（時価評価されているヘッジ手段についての損益又は評価差額を，ヘッジ対象についての損益が認識されるまで純資産の部に繰り延べる方法）を採用している。ただし，例外として，**時価ヘッ**

ジ会計（ヘッジ対象である資産負債についての相場変動などを損益に反映させることができる場合には，その資産・負債についての損益とヘッジ手段についての損益と同一の会計期間に認識するという方法）を採用することも認められている。

4　棚卸資産

(1)　棚卸資産の意義と種類

棚卸資産（inventories）とは，販売又は消費を目的として短期的に保有する資産であり，その有高を実地棚卸により確認することができるもののことである。

棚卸資産の種類については，「企業会計原則と関係諸法令に関する連続意見書」第四において，表7－7のようなものが示されている。

表7－7　棚卸資産の種類

棚　卸　資　産　の　種　類	具　体　例
①　通常の営業過程において販売するために保有する財貨又は用役	商品，製品，半製品など
②　販売を目的として現に製造中の財貨又は用役	仕掛品，半成工事など
③　販売目的の財貨又は用役を生産するために短期的に消費されるべき財貨	原材料，工場消耗品，消耗工具・器具・備品など
④　販売活動及び一般管理活動において短期的に消費されるべき財貨	事務用消耗品，荷造・包装用資材など

(2)　棚卸資産の取得原価

棚卸資産は，表7－8のように，原則として，購入代価（定価）又は製造原価に引取費用などの付随費用を加算し，これに個別法や先入先出法などの方法を適用して算定した取得原価をもって貸借対照表価額とする。

表7－8　棚卸資産の取得原価

取得原価＝購入代価＋付随費用

棚卸資産は，事業用資産で，費用性資産でもあるので，その評価に対しては，まず支出額を基礎とした原価主義の原則が適用され，期末において当期の収益に対応する消費部分と次期以降の収益に対応させるために繰り越される原価部分とに分けるために，費用配分の原則が適用される。なお，購入した商品などについて戻し（purchase return），値引（purchase allowance）や割戻（purchase rebate）を受けた場合には，購入代価から直接又は間接的に控除する。ただし，割引（purchase）を受けた場合には，受取利息と同様な性質なので，原則として営業外収益として処理する。

また，**付随費用**（incidental expenses）は，**副費**とも呼ばれ，この副費には，引取運賃，荷役費，運送保険料及び関税など会社に到着するまでに要する**外部副費**（external expenses）と保管費などの企業内部で販売ないし消費までに要する**内部副費**（internal expenses）とがある。

(3)　売上原価の算定と費用配分

ここでは，棚卸資産のうちその代表である商品を例にとって，期末における評価と費用配分の関係とを見ていくことにする。

商品は，事業用資産ないし費用性資産であるので，その取得時に原価主義の原則により評価がなされ，期末時点において，費用配分の原則に基づいて，その取得原価が当期の収益に対応する費用化される部分と次期以降の収益に対応させるための繰り越される原価部分とに配分される。前者が売上原価（cost of sales）であり，後者が（繰越）商品である。

このように費用配分がなされるわけであるが，次に，この過程をもう少し詳しく見ていくことにする。

商品の期末評価は，次のように3つの段階で，費用配分という形でなされていくことになる。すなわち，第1段階の配分は，販売を基準として，販売された商品の原価部分（売上原価）と在庫する商品の原価部分（繰越原価）に配分する過程である。そして，第2段階の配分は，数量の減少や品質低下などを基準として，帳簿上の在庫品の原価のうち，実地棚卸などによって発見された減耗や品質低下などに見合う評価損を当期の費用として配分する過程である。この第1・第2段階では原価基準を採用している場合に通常行われるものである。そしてさらに，第3段階の配分は，低価基準の適用が強制されるので，市場価格を基準とし，それが原価より下落している場合に，下落額を評価損として配分する過程である。

①　第1次配分過程（売上原価の計算）

第1段階の配分過程は，販売を基準として売上原価と繰越原価とに取得原価を配分するもので，その中心は，売上原価の計算である。

売上原価は，一般に次のような算式で算定される。

【売上原価の算式】
(①期首商品棚卸高＋②当期商品仕入高)－③期末商品棚卸高＝④売上原価

このうち期末商品棚卸高の金額は，次のように，数量に価格を乗じて計算する。

【金額の算式】
金額＝数量×価格

この**数量の計算方法**としては，期中に継続的に入出庫の数量などを記帳しておいて，常にその在庫高を明らかにしておく**帳簿棚卸法**（ないし**継続記録法**：perpetual inventory method）と，一定期日（通常，期末など）に実地調査を行い，その在庫高を明らかにする**実地棚卸法**（ないし**棚卸計算法**：physical inventory method）などがある。通常，今日では，前者を原則とし，後者を補足的に適用することが行われている。

また，**価格の計算方法**（calculation methods of prices）としては，表7－9のように，個別法や先入先出法などの方法があり，適切な方法を適用して，払出価額及び在庫価額を決定する必要がある。

表7－9　払出価格の計算方法

計算方法	内　容
a　個別法	棚卸資産の取得原価を異にするに従って区別して記録を行い，その個々の実際原価により期末棚卸品の価額を算定する方法
b　先入先出法	FiFo：先に購入されたものから先に払出しが行われたものと仮定して，期末棚卸品の価額を算定する方法
c　後入先出法*	LiFo：後に購入されたものから先に払出しが行われたものと仮定して，期末棚卸品の価額を算定する方法
d　平均原価法	取得した棚卸資産の平均原価を算出し，この平均原価によって期末棚卸品の価額を算定する方法。これには，移動平均法や総平均法がある。
e　売価還元（原価）法	異なる品目の資産を値入率などの類似性に従って適当なグループにまとめ，各グループに属する期末商品について売価で棚卸を行い，それに原価率を乗じて期末棚卸品の価額を計算する方法。取扱品種のきわめて多いデパートやスーパーなどの小売業や卸売業における棚卸資産の評価に適用されるもの

＊：会計制度的には，これを適用できなくなっている。

②　第2次配分過程（減耗・低下損の計上）

第2段階の配分過程は，前段階で算定された期末帳簿在高に関する繰越原価から，実地棚卸によって確認された減耗や品質低下及び陳腐化などによる評価損を当期の費用（又は損失）として配分し，正常な繰越原価を計算するものである。

ここに**（棚卸）減耗**とは，帳簿棚卸数量よりも実地棚卸数量が少ない場合のその不足数量のことであり，**（棚卸）減耗損**（inventory shortage）とは，それから生じる損失の金額である。すなわち，これは商品の保管中の盗難，紛失及び蒸発などから生じるものである。また，**品質低下**とは，傷や変質などにより商品それ自体の品質が悪化することであり，**陳腐化**（obsolescence）とは，商品自体は良品であるが，流行遅れなどの理由により経済的価値が減少することである。これらを合わせた損失を**商品評価損**という。

③　第3次配分過程（商品評価損の計上）

第3段階の配分過程は，前段階で算定された正常な繰越原価から，低価基準の適用によって，正味売却価額の下落に基づき計上される**商品評価損**を当期の費用として配分し，有用な繰越原価を計上するものである。

5　その他の流動資産

(1)　その他の流動資産の意義

その他の流動資産とは，流動資産のうち当座資産及び棚卸資産に属しない資産のことであり，立替金，前払金や前払費用などがある。この評価は，原則として原価主義の原則に基づき，支出額を基礎として行う。

(2)　その他の流動資産の内容

前払金（advance payment）ないし**前渡金**とは，物品や用役の購入前に支払う手付金などの金銭のことをいう。また，**前払費用**（prepaid expenses）とは，一定の契約に従い，継続して役務の提供を受ける場合，未だ提供されていない役務に対して支払われた対価をいう。したがって，かかる役務提供以外の契約などによる前払金とは区別しなければならない。なお，1年を超える期間を経て費用になるものは，1年基準により長期前払費用（long-term prepaid expenses）として，固定資産としての投資その他の資産に表示される。そして，**未収収益**（accrued revenue）とは，一定の契約に従い，継続して役務の提供を行う場合，既に提供した役務に対して，未だその対価の支払いを受けていないものをいう。したがって，未収収益は，かかる役務提供以外の契約などによる未収金と区別される。未収収益は，1年基準の適用がなく，すべて流動資産とされる。

立替金（advance）とは，返済を受けることを条件に，一時的に立て替えた金銭のことである。また，**仮払金**（suspense payment）とは，現金支出を行ったが，これを処理すべき科目又は金額が未確定な場合，それが確定するまで一時的に処理しておくための勘定である。

第8章　固定資産会計

1　固定資産の概説

固定資産（fixed assets）とは，企業が長期的に使用する目的で保有する事業用資産のことである。これは，表8－1のように，3つの種類に分類することができる。

表8－1　固定資産の種類

種　　類	意　　義	具 体 例
①　有形固定資産	有形の固定資産のこと	建物，構築物，機械装置，船舶，車両運搬具，工具器具備品，土地及び建設仮勘定など
②　無形固定資産	無形の固定資産のこと	のれん，特許権，借地権，商標権，実用新案権，意匠権及び鉱業権など
③　投資その他の資産	投資などの目的で保有される固定資産のこと	投資有価証券，出資金，長期貸付金，投資不動産，長期前払費用など

固定資産は，一部のものを除き，事業用資産で，かつ費用性資産でもあるので，その取得原価は，原則として原価主義の原則に基づき，その取得に要した支出額を基礎として決定される。そして期末の貸借対照表価額は，費用配分の観点から期中における使用や時の経過などによる価値の減少を考慮して，原則として**減価償却**（資産の価値の減少した部分を費用化していく手続きのこと）や償却を行った後の金額による。なお，固定資産については**減損会計**（生産技術の急速な発展などの理由により価値が減損した固定資産を，減少した部分について評価損を計上する会計処理のこと）が適用されることになっている。

2　有形固定資産

(1)　有形固定資産の意義と内容

有形固定資産（tangible fixed assets）とは，企業が長期的に使用目的で保有する形のある資産のことであり，これには，建物，構築物，機械装置，車両運搬具，工具器具備品，船舶，土地及び建設仮勘定などがある。

このうち土地と建設仮勘定は，基本的には，会計上価値が減少しないと考えるため，**非償却資産**（減価償却を行わない資産のこと）とされるが，その他のものは，使用や時の経過に伴って価値が減少するので**償却資産**（減価償却を行う資産のこと）とされる。

(2)　有形固定資産の取得原価の決定

有形固定資産の取得原価は，基本的には，原価主義の原則により支出額を基礎として決定されるが，具体的にはその取得形態の違いにより，表８－２のようになされる。

表８－２　有形固定資産の取得原価

取得形態	取得原価	内　　容
購　　入	購入代価＋付随費用	購入代価（通常，定価のことで，返品，値引などを除く）に買入手数料，運送費，据付費などの付随費用を加算した金額
自家建設	適正な製造原価	・　適正な原価計算基準に従った製造原価 ・　支払利息：㋐設備稼働前に発生したもので，かつ㋑当該建設に要した借入金の利息については，例外的に，取得原価に算入
現物出資	株式の発行価額	出資者に対して交付された株式の発行価額の金額
交　固	自己資産の適正な簿価	・　交換に供された自己資産の適正な簿価 ・　適正な簿価とは，交換に供された有形固定資産の取得原価から，交換までの適正な減価償却累計額を控除した帳簿価額のこと

換	有	有価証券の時価又は適正な簿価	当該有価証券の時価又は適正な簿価
贈　　与		公正評価額	・　時価などを基準として公正に評価した額 ・　例外：圧縮記帳も容認

（注）　固：固定資産と交換，有：有価証券と交換

(3)　資本的支出と収益的支出

固定資産に関連する支出には，表８－３のように，次の２つのものがあり，適正な期間損益計算や財政状態の表示のためには，両者はその支出の形式にかかわらず実質で判断し，厳密に区別する必要がある。

表８－３　固定資産の関連支出

固定資産関連支出	内　　容	処　　理
①　資本的支出	固定資産を取得したり，改良したり，特別な修繕などを行うことに伴って生じる支出	資産計上
②　収益的支出	不良となった部品を取り替えたり，傷んだ部分を修理するなどのために生じる支出	費用処理

①　資本的支出（capital expenditure）

これは，固定資産を取得したり，改良したり，特別な修繕などを行うことに伴って生じる支出である。これにより固定資産が増加したり，生産能力が向上したり，耐用年数が延長されたりするもの，すなわち資産の用役潜在力を高めるものであり，固定資産の新たな取得と考えられるので，資産計上される。

②　収益的支出（revenue expenditure）

これは，不良となった部品を取り替えたり，傷んだ部分を修理するなどのために生じる支出である。これは，固定資産が本来持っている機能を維持するためのものであり，資産の用役潜在力を高めるものではない。それゆえ，その支出した期間の収益に負担させるべき性質のものであり，費用処理される。

⑷　有形固定資産の減価償却

①　意義と目的

有形固定資産は，土地などを除き，使用や時の経過に伴って価値が減少する。それゆえ，その価値の減少（**減価**という）分を費用化（**償却**という）することが必要となり，この手続きを**減価償却**という。

減価償却は，費用配分の原則に基づいて，有形固定資産の取得原価をその耐用年数における各事業年度に配分するための計算手続きのことである。減価償却の計算対象となる有形固定資産は，土地や建設仮勘定という非償却資産以外の償却資産である。

減価償却の目的は，適正な費用配分を行うことにより，毎期の損益計算を適正にすることである。このためには，減価償却は所定の減価償却の方法に従って，計画的・規則的に実施されなければならない。この場合，減価償却を行うことによる主たる効果は，毎期の損益計算を適正化することであり，副次的効果としては，固定資産に役下した資金を貨幣性資産によって回収することから固定資産の流動化がなされることである。これにより，当該資産の耐用年数の満了時における更新のために必要な資金を企業内に留保することができるという財務的効果（**自己金融効果**という）がある。

②　減 価 原 因

固定資産の価値が減少する主な原因（**減価原因**という）には，表８－４のようなものがある。

表８－４　減 価 原 因

<table>
<tr><td rowspan="5">減価原因</td><td rowspan="4">経常的減価</td><td rowspan="2">物理的減価</td><td>利用による摩滅など</td></tr>
<tr><td>時の経過による老朽化</td></tr>
<tr><td rowspan="2">機能的減価</td><td>不適応化</td></tr>
<tr><td>陳腐化</td></tr>
<tr><td colspan="3">臨時的減価</td></tr>
</table>

㋐　物理的減価原因

これは，自然法則に基づく摩滅などをいい，減価の直接原因となるものであり，通常の減価原因としては，次の２つのものがある。

a　利用に伴う磨滅・損耗　これは，固定資産を使用することから生ずるものである。

b　時の経過による老朽化　これは，風化その他の自然現象による老朽化を意味する。

㋑　機能的（経済的）減価原因

これは，各固定資産によって提供される用役の内容の経済的ないし収益的観点からみた有用性の低下に関するものであり，次の２つのものがある。

a　不適応化　これは，企業規模の拡大，営業量の増大などに十分に対処できなくなることであり，主として量的側面からみた有用性の低下を意味する。

b　陳腐化　これは，新技術の発明，新製品の開発などによってこれまでのものの使用が不経済となる場合であり，主として質的側面からみた有用性の低下を意味する。

③　償却等の種類

減価償却等の費用配分方法には，表８－５のようなものもがある。

表８－５　減価償却等の費用配分方法

方　法	内　　容
正規の償却	会計上の正規の減価償却のことであり，適正な費用配分を行うことにより，毎期の損益計算を適正にするために，所定の減価償却方法に従って，計画的・規則的に実施されるもののこと
臨時償却	耐用年数などの見積りの誤りや予想しえなかった新技術の発明などによって，固定資産が著しく機能的に減価した場合の過年度の減価償却費を修正するための償却
臨時損失	災害や事故などにより有形固定資産の実体が物理的に滅失や損傷したことに伴って，その資産の帳簿価額を切り下げることにより生じる損失であり，減価償却とは異なるもの
減損損失	生産技術の急速な進歩などの理由（事象）により価値が減損した固定資産を，続継使用する場合や売却などの処分が決定された資産を処分まで保有している場合に，その価値の減少した部分について評価損を計上するもの

④　減価償却の３要素と償却方法

減価償却の３要素

固定資産の減価償却計算を行うためには，表８－６のように，減価償却の３要素が明確にされなければならない。

表８－６　減価償却の３要素

３要素	内　　容	備　　考
取得原価	償却計算の基礎となる固定資産の取得に要した金額のこと	－
耐用年数	企業がその固定資産を使用する見積期間のこと	税法で法定耐用年数が定まっており，実務上はこれに従うことも多い。
残存価額	見積耐用年数の到来時において見積られる売却価額ないし使用価値のこと	税法で，零（0）円と定まっているので，実務上はこれに従うことも多い。

⑤　減価償却の記帳方法

減価償却の記帳方法には，表８－７のように，**直接法**（減価償却費を固定資産の帳簿価額から直接控除する方法）と**間接法**（固定資産の帳簿価額は取得価額のままに据え置き，固定資産の評価勘定である**減価償却累計額勘定**を設定し，減価償却費を計上すると共に，減価償却累計額を増加させていき，固定資産の取得原価から減価償却累計額を間接的に差し引くことによって，その資産の現在価値を表す方法）とがある。有形固定資産の場合には，間接法によることが多く，無形固定資産の場合には，直接法による。

表８－７　減価償却の記帳方法

直接法	（借）減　価　償　却　費	XXX	（貸）固　定　資　産	XXX
間接法	（借）減　価　償　却　費	XXX	（貸）減価償却累計額	XXX

⑥　償 却 方 法

減価償却の方法には，表８－８のように，生産高や利用高を基準とする方法（生産高比例法など）と期間を基準とする方法（定額法や定率法など）があり，本来は，前者によることが合理的と考えられるが，実務上，その把握が困難なものが多いことから，後者によっている場合が多い。

表8－8　減価償却の方法

減価償却の方法	具体例	採用
①　生産高や利用高を基準とする方法	生産高比例法など	－
②　期間を基準とする方法	定額法や定率法など	一般的

a　定　額　法　　これは，毎期一定額の減価償却費を計上する方法である。減価償却費が直線的に示されるので，**直線法**とも呼ぶ。

減価償却費＝(取得原価－残存価額)÷耐用年数

【例：定額法】
期首に取得した備品¥2,000について1年後の3月31日に減価償却を行った。
残存価額　¥0，耐用年数　5年（定額法：間接法）
（借）減 価 償 却 費　　400*　　（貸）減価償却累計額　　400
＊：400＝(2,000－0)÷5年

b　定　率　法　　これは，毎期の未償却残額に一定率を乗じて，減価償却費を計上する方法である。この方法による場合には，各期間の減価償却費は逓減していくので，これは逓減法の1つである。

減価償却費＝(取得原価－減価償却累計額)×償却率

【例：定率法】
上の設例を定率法で行いなさい。償却率　年0.369
（借）減 価 償 却 費　　738*　　（貸）減価償却累計額　　738
＊：738＝2,000×0.369

c　生産高比例法　　これは，資産の生産高ないし利用高に応じて減価償却費を計上する方法である。この方法は，使用時間などの生産能力があらかじめ予定され，かつ減価が主に走行や使用量などにより生じる場合に適用される。

$$減価償却費 = (取得原価 - 残存価額) \times \frac{各期の実際利用量}{総利用可能量}$$

【例：生産高比例法】
甲社は期首に車両¥200（見積走行距離1,000km）を購入し，期末に生産高比例法（当期走行距離200km)で，間接法により償却を行う。残存価額　¥0

（借）減価償却費	40*	（貸）減価償却累計額	40

＊：40 = (200 − 0) × 200km ÷ 1,000km

⑦　償却単位

減価償却の計算単位としては，一般に個々の資産ごとに，減価償却の計算・記帳を行う個別償却が採用されている。

(5)　減損会計

① 減損会計の意義

一般に**減損会計**という場合には，固定資産の減損会計のことをいう。ここに**減損**とは，資産の収益性の低下によって投資額の回収が見込めなくなった状況のことであり，**減損処理**とは，そのような時に，回収可能性を反映させるように帳簿価額を減額する会計処理のことである。このような会計処理を行うことを**減損会計**という。これは，時価会計ではなく，原価主義会計の枠内の費用化の1手法である。この減損会計の対象は，主に固定資産（有形固定資産，無形固定資産，投資その他の資産）である。

② 減損処理の手順

減損処理の手続きは，一般に表8－9のような手順で行われる。

表8－9　減損処理の手順

①	資産のグルーピング
②	減損の兆候の判定
③	減損損失の認識＊1（割引前キャッシュ・フローの金額で）
④	減損損失の測定＊2（割引後キャッシュ・フローの金額で）
⑤	減損損失の処理表示＊3

＊1：その資産から得られる割引前将来キャッシュ・フローの総額が帳簿価額を下回るとき

＊2：回収可能価額（正味売却価額と使用価値のいずれか高い方の金額）と帳簿価額との差額

＊3：資産の帳簿価額を回収可能価額まで減額すること

③ 減損処理

減損処理を行う場合には，直接法で減損損失を計上する。

【例：減損処理】

次の資料に基づき，当期末における減損処理の仕訳を行いなさい。

甲資産：帳簿価額　¥1,000，回収可能額　¥700

（借）	減損損失	300	（貸）	甲資産	300

(6) 有形固定資産の減価償却の代替法

減価償却ではないが，その代替的な方法として取替法や減耗償却などが有形固定資産の費用配分の方法として使用されている。

① 取替法

取替資産に対して取替法が適用される。ここで**取替資産**とは，同種の資産が多数集まって1つの全体を構成し，老朽品を部分的に取り替えることの繰り返しによって全体が維持されるような固定資産のことをいい，例えば，電力業における電柱，送電線や鉄道業における枕木，レールなどがある。そして，**取替法**（replacement method）とは，**取替時価法**ともいい，部分的取替に要する新資産の取得価額（時価）をもって取替期の費用として計上する方法である。

② 減耗償却

資産のうちには，それがいったん伐採や採掘されると枯渇し，減耗してしまうものがある。このようなものを**減耗資産**（wasted assets）といい，例えば，山林，鉱山，油井，天然ガスなどがある。これに対して，減価償却の代わりに，減耗償却が適用される。

(7) 売却・除却

固定資産を売却した場合には，売却価額と帳簿価額との差額は，**固定資産売却益**（**固定資産売却損**）勘定で処理する。

固定資産について**除却等**（除却，廃棄又は滅失）があった場合には，除却時の未償却残高（除却資産の帳簿価額）を，**固定資産除却損**勘定で処理する。

3 無形固定資産

(1) 無形固定資産の意義と内容

無形固定資産とは，企業が長期に使用目的で保有する資産で形のないものをいう。これは，表8 － 10のように分類される。

表８ － 10　無形固定資産の種類

無形固定資産の種類	具　体　例
法律上の権利	特許権，借地権，商標権，実用新案権，意匠権及び鉱業権など
経済的実態としてのもの	のれんなど

(2) 無形固定資産の評価

無形固定資産は，事業用資産で，費用性資産でもあり，取得原価は，原則として，購入代価に付随費用を加算した金額である。なお，のれんについては，合併又は営業の譲受けにより，**有償で**（対価を支払って）取得した場合に限り，資産に計上しうることになっている。

無形固定資産は，事業用資産で，また費用性資産でもあるので，償却という形で費用配分の原則に基づいて，費用の配分が行なわれる。

無形固定資産の償却の特徴は，法的な有効期間内の耐用年数にわたり，定額法により，残存価額零で，直接法により償却の計算表示が行われることである。

なお，のれんについては，償却必要説と償却不要説とがあるが，通常，前者（償却必要説）の立場から償却（20年以内に定額法その他合理的な方法に従って規則的に償却）を行う。

4　投資その他の資産

(1)　投資その他の資産の意義と内容

投資その他の資産とは，企業が長期的に投資その他の目的で使用するために保有する資産のことである。

投資その他の資産の種類は，表8－11のように，投資とその他の固定資産から構成される。

表8－11　投資その他の資産の種類

種　　類	意　　義	具体例
投資	企業の本来の目的である商品の販売など以外の長期の利殖や，他の企業の支配などの目的で長期的に企業の外部に資本を投下したもの	投資有価証券，長期貸付金など
その他の固定資産	流動資産，有形・無形固定資産又は繰延資産以外の長期資産で，投資に属しないもの	破産債権，長期前払費用や差入保証金など

(2)　投資その他の資産の評価

主な投資その他の資産の貸借対照表価額の評価は，次のように行う。

①　投資有価証券

これは，基本的に有価証券の評価と同様に行う。すなわち，市場価格のある投資有価証券のうち，子会社株式や関連会社株式は原価法により，満期保有目的の債券は原価法又は償却原価法による。また，その他の有価証券は時価法による。なお，市場価格のない投資有価証券は原価法又は償却原価法による。ただし，市場価格のある投資有価証券については，時価が著しく下落したときは，回復する見込みがあると認められる場合を除き，時価により（減損：強制評価減），市場価格のない株式については，実質価額が著しく下落したときは，相当の減額をする（減損：実価法）。社債については，原価法又は償却原価法による。

② **長期金銭債権**

原則として取得原価（原価法）によるが，低額ないし高額取得した場合には，償却原価法による。また，貸借対照表価額は，取得原価から貸倒見積額を控除した価額による。

③ **投資不動産**

原則として取得原価（から減価償却費を控除した金額）による。

④ **長期前払費用**

前払費用のうち1年を超えるものをいう。これについては，時間基準によって費用配分を行う。

⑤ **繰延税金資産**

税効果会計を適用し，税法上納付すべき税額を会計上あるべき税額に修正する場合において，実質的に税金の前払いと同様の状況が生じているときに計上されるものである。これについては，後述の税効果会計を適用して，適正な金額を計上する。

第9章　繰延資産会計

1　繰延資産の意義と繰延根拠

(1)　繰延資産の意義

繰延資産とは，既に代価の支払が完了し，又は支払義務が確定し，それに対する役務（サービス）の提供を受けたにもかかわらず，その役務の有する効果が次期以降において発現すると期待される費用のことである。

繰延資産は，新しい会社法では，従来の限定列挙が廃止され，その計上については会計慣行に委ねられることとなった。そして，2006年に公表された「繰延資産の会計に関する当面の取扱い」では，繰延資産の**種類**には，創立費，開業費，開発費，株式交付費，社債発行費等がある，としている。

繰延資産の**貸借対照表能力論**（資産を貸借対照表に計上してよいか否かに関する理論）については，表9－1のように，肯定論と否定論とがある。すなわち，繰延資産は，静態論では，**財産性**（個別的な売却可能性のこと）がないので，その資産計上は認められなかった。

表9－1　繰延資産の貸借対照表能力論

貸借対照表能力論	論　　拠	採用理論
①　肯定論	用役潜在力説：繰延資産に用役潜在力があるので	動態論
②　否定論	財産性説：繰延資産に財産性がないので	静態論

他方，動態論においては，財産性がなくても，**資産性**すなわち**用役潜在力**（将来における収益の獲得能力のこと）があれば，資産計上できるので，この観点から繰延資産が資産計上されることとなる。

⑵　繰延処理の根拠

このような**繰延処理の根拠**としては，表９－２のようなものが考えられる。

表９－２　繰延処理の根拠

繰延の根拠	内　　容
効果の発現	ある支出が行われ，又はそれによって役務の提供を受けたにもかかわらず，支出もしくは役務の有する効果の発現という事実を重視して，効果の及ぶ期間にわたる費用としてこれを配分するために
収益との対応関係	ある支出が行われ，又はそれによって役務の提供を受けたにもかかわらず，その金額が次期以降の収益に関係するものと予想される場合に，収益との対応関係を重視して，その期間にこれを配分するために

このように，繰延資産の資産計上の根拠は，換金能力という観点から考えられる財産性からではなく，費用収益対応の原則ないし費用配分の原則という適正な期間損益計算原理によるものである。

⑶　繰延資産の分類

繰延資産は，表９－３ように，その性質から次のように分けられる。

表９－３　繰延資産の分類

分　　類	具　体　例
会社の創業のためのもの	創立費，開業費
開発のためのもの	開発費
資金調達のためのもの	株式交付費，社債発行費等

⑷　繰延資産の取得原価と償却

繰延資産は，事業用資産で，費用性資産でもあるので，その支出額を基礎として評価する。すなわち，固定資産と同様に，原価主義の原則が適用されることになる。そして，この費用配分は，償却という形でなされる。

繰延資産の償却の特徴は，その性質上，早期償却が会社法上認められるが，会計上の方法による場合には，一般に，定額法により，残存価額ゼロで，直接法により計算表示が行われることである。

次に，繰延資産を個別的に検討していくことにする。

2　繰延資産の内容

(1) 創　立　費

創立費（organization expenses）とは，会社を法的に設立するために必要な支出額であり，例えば，会社の負担に帰すべき設立費用，発起人の報酬及び設立登記のために支出した税額などがある。具体的には，定款などの作成費用，株式募集の広告費，株式申込書・目論見書・株券などの印刷費，金融機関の取扱手数料，創立総会の費用，発起人が受ける報酬並びに設立登記の登録税などが含まれる。

創立費の償却は，会計上適切な期間にわたり計画的・規則的に行うのが合理的である。ただし，旧商法では，創立費は，会社成立後５年以内に毎期均等額以上の償却をするように規定されていた。

【例：創立費】

① 甲社は，期首に会社設立のための諸費用￥200を現金で支払った。

（借）	創立費	200	（貸）現金	200

② 期末に上記の創立費の償却を５年間の均等償却で行う。

（借）	創立費償却	40*	（貸）創立費	40

＊：40 = 200 ÷ 5年

(2) 開　業　費

開業費とは，会社設立後営業開始までに経済的な開業準備のために支出された金額のことである。これには，土地・建物の賃借料，広告宣伝費，通信費，交通費，事務用消耗品費，支払利息，使用人の給料，保険料，水道光熱費などが含まれる。

開業費の償却に関しては，会計上，適切な期間にわたり計画的・規則的に償却を行うのが合理的であると考えられている。ただし，旧商法上では，開業後

5年以内に毎期均等額以上の償却をすべきことが規定されていた。

【例：開業費】
① 甲社は，期首に会社設立後開業までの諸費用￥200を現金で支払った。

（借）開　業　費	200	（貸）現　　金	200

② 期末に上記の開業費の償却を5年間の均等償却で行う。

（借）開業費償却	40*	（貸）開　業　費	40

＊：40 ＝ 200 ÷ 5年

(3) 株式交付費

株式交付費（share issuing expenses）とは，会社が設立された後，新たに株式を発行するために直接支出した費用や自己株式の処分のために要した費用のことである。これには，株式募集のための広告費，金融機関の取扱手数料，株式申込書などの印刷費や変更登記の登録税などが含まれる。株式交付費の償却に関しては，財務の健全性の観点から，一定期間にわたり計画的・規則的に償却することが合理的であると考えられている。なお，旧商法では，新株発行後3年以内に毎期均等額以上の償却をするよう規定されていた。

【例：株式交付費】
① 甲社は，期首に新株の発行を行い，このための諸費用￥300を現金で支払った。

（借）株式交付費	300	（貸）現　　金	300

② 期末に上記の株式交付費の償却を3年間の均等償却で行う。

（借）株式交付費償却	100*	（貸）株式交付費	100

＊：100 ＝ 300 ÷ 3年

(4) 社債発行費等

社債発行費等とは，社債発行や新株予約権の発行のために要する費用である。これらの支出には，例えば，社債募集のための公告費，社債申込書などの印刷費，金融機関などの取扱手数料，その他社債や新株引受権発行のために直接支出した費用などがある。

この償却に関しては，規則的に償却するのが合理的である。ただし，旧商法では，社債発行後3年以内に毎期均等額以上の償却をすべきことが規定されていた。

(5)　研究・開発費

繰延資産に関連して，次に，ここでは研究及び開発活動に伴って生じる費用について学習していくことにする。

①　研究開発費

1998年3月に企業会計審議会により公表された「研究開発費に係る会計基準の設定に関する意見書」などによれば，**研究**（research）とは，新しい知識の発見を目的とした計画的な調査及び探求のことをいい，**開発**（development）とは，新しい製品・サービス・生産方法等（**製品等**という）についての計画もしくは設計又は既存製品等を著しく改良するための計画もしくは設計として，研究の成果その他知識を具体化することをいい，これらを合わせたものを**研究開発費**（R&DC：research and development costs）と呼ぶ。この研究開発費には，人件費，原材料費，減価償却費，間接費配賦額など研究開発のために消費されたすべての原価が含まれる。

次に研究開発費の処理であるが，上記の定義にあてはまる研究開発費はすべて費用として処理することとなっている。

②　ソフトウェア

ソフトウェア製作費のうち研究開発に該当する部分は研究開発費として処理する。また，市場販売目的のソフトウェアについては，製品マスター完成時点までの費用を研究開発費として処理する。そして，受注製作したものは請負業の処理に準じて処理する。

さらに，自社利用のソフトウェアについては，次の取扱いとなる。

㋐　外部利用者へサービスを提供する契約などがあり，将来の収益獲得が確実であると認められるもの，また完成品を購入し，将来の収益獲得又は費用削減が確実なものは，無形固定資産として計上する。

㋑　独自仕様のソフトウェアについては，将来の収益獲得又は費用削減の効果について検討し，確実であるものは，資産として計上する。

㋒　機械に組込まれるものについては，機械本体に含め，固定資産に計上する。

第10章　負債会計論

1　負債の概説

会計上，**負債**（liabilities）とは，資産の反対（マイナス）概念であり，将来において企業の資産を減少させる原因となるもの，すなわち将来における財貨又は役務（サービス）の給付義務のことである。これには，表10－1のように，法律上の債務と，法律上の債務ではないが，適正な期間損益計算を行う必要から計上されるもので，債務と同様に，将来において資産が減少し，又は役務を提供することを必要とするものとがある。後者のものには，適正な期間損益を計算するために，㋐費用を見越し計上したり，収益を繰延べ計上したりする場合に計上されるもの，すなわち未払費用や前受収益という経過勘定項目と㋑当期以前に起因事象が存在する将来の未確定支出を表す引当金とがある。

表10－1　負債の種類

負　債　の　種　類	具　体　例
①　法的な債務	買掛金，借入金，未払金，社債など
②　適正な期間損益計算を行う必要から計上されるもの	未払費用，賞与引当金，退職給付引当金など

負債は，表10－2のように，企業資本の調達源泉の面から見た場合には，**他人資本**（企業の所有主以外の人から調達された資金のこと）であり，また企業資本に対する帰属関係の面からは**債権者持分**（企業に対して債権を持っている者の持分）である。これらの点で，**自己資本**（企業の所有主から調達された資金のこと）である資本とは区別される。

表 10 － 2　企業の資金調達方法と負債

資金調達方法	①　売上	収益
	②　**借入金**	負債
	③　**社債**	負債
	④　株式発行	資本
	⑤　利益留保	資本

2　負債の分類

負債は，資産と同様に，**財務安全性**（企業が債務の返済をするために資金不足を起こさないで，事業を継続できるかどうかについての安全性のこと）の観点から営業循環基準と 1 年基準を適用して，流動負債と固定負債に分類し，貸借対照表上，負債の部に計上する。

(1)　流 動 負 債

流動負債（current liabilities）とは，営業循環基準又は 1 年基準により短期的な負債とされたもののことであり，表 10 － 3 のようなものがある。

表 10 － 3　流動負債の分類

流　動　負　債　の　分　類	具　体　例
①　企業の主たる営業活動により生じた負債	買掛金，支払手形など
②　①以外の原因で生じた債務で，貸借対照表日の翌日から起算して 1 年以内に支払期限の到来するもの	未払金，短期借入金など
③　経過勘定項目	未払費用，前受収益
④　引当金のうち通常 1 年以内に使用されると見込まれるもの	賞与引当金，製品保証引当金など

(2)　固 定 負 債

固定負債（fixed liabilities）とは，流動負債以外の負債のことであり，表 10 －

4のようなものがある。

表10－4　固定負債の分類

固定負債の分類	具体例
①　企業の主たる営業活動以外の取引から生じた債務で，貸借対照表の翌日から起算して1年を超えて支払期限が到来するもの	社債，長期借入金など
②　引当金のうち通常1年を超えて使用される見込みのもの	退職給付引当金，特別修繕引当金など

(3)　負債の評価

負債の評価は，資産と比較すると，法律上の債務が多いことからあまり問題とならないが，経過勘定項目，引当金，社債など，それが問題となるものもある。なお，負債の評価は，表10－5のように法律上の債務とそれ以外のものとに分けると理解しやすい。

表10－5　負債の評価

(1)　法律上の債務		・　契約による金額の確定 ・　評価という問題は生じない
(2)　(1)以外の債務	経過勘定項目	時間基準による金額の決定
	引当金	合理的に見積ることができる将来の特定の費用又は損失の金額のうち，当期の収益に負担させることが合理的であると考えられる金額

3　引　当　金

(1)　引当金の意義と目的

引当金（allowance）とは，発生主義の原則又は費用収益対応の原則などに基づいて，当期以前の事象に起因して将来において発生することが予測される特定の費用又は損失について，適正な期間損益計算のために，当期の費用又は損失を見積計上するときに設定される貸方項目である。

適正な期間損益計算のためには，収益に対応させるべき費用であれば，それが具体的になっていなくても，その発生を見積って計上しなければならない。

⑵　引当金の設定要件と設定根拠

引当金の設定要件は，次のとおりである。

① 将来の特定の費用又は損失であること
② その発生が当期以前の事象に起因していること
③ その発生の可能性が高いこと
④ その金額を合理的に見積ることができること

これら4つのすべての要件が満たされる場合に，引当金を計上することができる。会計上の引当金の設定根拠は，一般に期間損益計算の適正化の観点から，発生主義の原則又は費用収益対応の原則に求められる。

この場合，発生主義の原則をどのように理解するかにより，引当金の設定根拠が異なる。すなわち，発生主義の原則を財貨・用役の費消事実の発生のみならず，その原因事実の発生を含むものと広義に理解する場合には，（広義）発生主義の原則が引当金の設定根拠となる。他方，発生主義の原則を前者のみと狭義に理解する場合には，退職給付引当金や賞与引当金などはこの原則を根拠として設定されるのに対し，製品保証引当金や貸倒引当金などは費用収益対応の原則にその根拠が求められる。なお，債務保証損失引当金や損害補償損失引当金などの損失性引当金は，収益との対応が認められないので，慎重な処理を要請する保守主義の原則にその設定根拠が求められる。

⑶　引当金の種類と分類

引当金の種類としては，例えば，製品保証引当金，特別修繕引当金，債務保証損失引当金，損害補償損失引当金及び貸倒引当金などがある。

引当金は種々の観点から分類できるが，そのうち代表的な分類を示せば，次のとおりである。

〔貸借対照表の観点からの分類〕

これは引当金を貸借対照表の観点から，それが資産控除の性質を有するのか，負債の性質を有するのかによって分類するものであり，表10－6のように分類できる。

表10－6　引当金の分類

<table>
<tr><th></th><th colspan="2">会計的性質による分類</th><th>表示上の分類</th><th>具　体　例</th></tr>
<tr><td rowspan="3">引当金</td><td colspan="2">評価性引当金</td><td>資産控除表示</td><td>貸倒引当金など</td></tr>
<tr><td rowspan="2">負債性引当金</td><td>債務性引当金</td><td rowspan="2">負債表示</td><td>賞与引当金，退職給付引当金など</td></tr>
<tr><td>非債務性引当金</td><td>修繕引当金など</td></tr>
</table>

a　資産にかかわる引当金　　これは，**評価性引当金**（valuation allowance）と呼ばれ，特定資産の未確定減少額を示す引当金であり，将来においてその計上対象となった価値減少が実際に発生したときに，その資産の消滅により解消するものである。この例としては，貸倒引当金がある。この引当金は，貸借対照表上，資産の部において原則として当該資産項目から控除する形式で示される。

b　負債にかかわる引当金　　これは，**負債性引当金**（liability allowance）と呼ばれ，将来の未確定支出額を示す引当金であり，将来においてその計上対象となった価値減少が実際に発生したとき，支出により解消する。これには，債務性を有する引当金（**債務性引当金**という）である製品保証引当金，賞与引当金や退職給付引当金などと，債務性を有しない引当金（**非債務性引当金**という）である修繕引当金や特別修繕引当金などがある。負債性引当金は，貸借対照表上，負債の部に表示される。なお，この場合，負債性引当金は，1年基準に基づいて貸借対照表日の翌日から起算して1年以内に使用されるものであれば流動負債の部に表示し，1年を超えて使用されるものは固定負債の部に表示する。

【例：賞与引当金】
決算に際し，¥1,000を賞与引当金に繰り入れた。

（借）賞与引当金繰入	1,000	（貸）賞与引当金	1,000

(4) 退職給付引当金

退職給付とは，一定の期間にわたり労働を提供したことにより，退職以後に従業員に支給される給付のことであり，退職一時金と退職年金が含まれる。この退職給付に備えて退職給付引当金が次の手順で設定される。

この退職給付引当金を計算するのには，基本的には，まず将来の昇給などの退職時までに合理的に見込まれる退職給付の変動要因を考慮して退職給付見込額を見積る。そして，その金額を，勤務期間を基準として既発生額を計算する。さらに，期末までの発生額を，一定の割引率を使用して現在価値に割引くことにより期末の退職給付債務を計算する。また，それに未認識の過去勤務債務や未認識の数理計算上の差異を加減し，さらに時価評価された年金資産を控除し，退職給付引当金を計算する。

【例：退職給付引当金】
決算に際し，¥1,000を退職給付引当金に繰り入れた。

（借）退職給付費用	1,000	（貸）退職給付引当金	1,000

4　社　　債

(1) 社債の意義と発行方法

社債（bonds）とは，企業が一般公衆から多額の長期資金を集めるために，社債券という有価証券を発行することによって生じる債務である。

社債を発行するためには，取締役会の決議によって，発行する社債の総額，発行方法，利率，償還方法などを決定しなければならない。また，社債の発行方法については，表10 － 7・8のような3つの方法がある。

表10 － 7　社債の発行方法

発行方法	内　　容
a　打歩発行	社債の額面金額より高い発行価額で発行する方法である。この場合，社債は，発行価額で計上
b　平価発行	社債の額面金額で発行する方法
c　割引発行	社債の額面金額より低い発行価額で発行する方法である。この場合，社債は，発行価額で計上

表10 － 8　社債の発行方法

発行方法	額面		発行価額	発行差額
打歩発行	100	＜	120	20
平価発行	100	＝	100	0
割引発行	100	＞	80	△20

なお，割引発行など平価発行以外の場合には，**償却原価法**（社債などの額面と取得価額ないし発行価額との差額を償還期にいたるまで毎期一定の方法で逐次貸借対照表価額に加算・減算する方法のこと）を用いた**発行価額法**（発行価額で処理する方法）で処理する。また，社債の発行に関して費用を要した場合には，一般に繰延資産としての**社債発行費等**勘定で処理する。

【例：社債】

①　4月1日に甲社は，社債額面総額￥10,000を@￥95（単価@￥100）で発行し，払込金は当座預金とした。なお，社債発行のための費用￥30を現金で支払った。

〔条件〕 利率年2%，償還期限5年，利払日9月と3月末，決算日3月31日，社債の発行費用は繰延資産とし，3年で償却する。

（借）	当座預金	9,500	（貸）	社債	9,500
（借）	社債発行費等	30	（貸）	現金	30

②　決算日に必要な償却計算及び利息（半年分）の現金支払いの仕訳を行う。

（借）	社債利息	100*[1]	（貸）	社債	100
（借）	社債発行費等償却	10*[2]	（貸）	社債発行費等	10
（借）	社債利息	100*[3]	（貸）	現金	100

＊1：100 ＝ 500 ÷ 5年
＊2：10 ＝ 30 ÷ 3年
＊3：100 ＝ 10,000 × 0.02 × 6月 ÷ 12月

⑵　社債の償還方法

社債の満期日等に社債の代金を返済して社債を償却することを**償還**という。この償還方法には，全額を一括して償還するかどうかによって，表10 － 9のように分けられる。

表10 － 9　社債の償還方法

償還方法		内　容
①　一括償還＊1	満期償還	社債の満期日に一括して償還する方法
	繰上償還	社債の満期日前に一括して繰り上げて償還する方法
②　分割償還＊2	定時償還	社債を一定時点で償還する方法
	随時償還	社債を資金繰りや市場の動向などを考慮して任意に償還する方法

＊1：これは，社債の全額を一括して償還する方法である。
＊2：これは，社債を2回以上に分けて償還する方法である。なお，分割償還の場合には，償還すべき社債を抽選で決定し，額面金額で償還する方法（**抽選償還**という）と，市場から社債を市場価格で買い入れて償還する方法（**買入償還**という）とがある。

【例：満期償還】
上記の設例の社債を満期に償還した（当座預金で支払い）。ただし，社債発行差額の償却及び利息の支払い（現金）の仕訳も合わせて行うこと。

（借）社債利息	100＊1	（貸）社債	100
（借）社債利息	100＊2	（貸）現金	100
（借）社債	10,000＊3	（貸）当座預金	10,000

＊1：100 ＝ 500 ÷ 5年
＊2：100 ＝ 10,000 × 0.02 × 6月 ÷ 12月
＊3：社債額面総額

(3)　新株予約権付社債

社債は，新株予約権がついているか否かによって，表10－10のように，新株予約権がついていない**普通社債**と，それが付いている**新株予約権付社債**とに分けられる。さらに，後者は，従来の転換社債（CB）と従来の非分離型ワラント債（WB）とに分けられる。

表10－10　社債の分類

社債	普通社債	－
	新株予約権付社債	転換社債型新株予約権付社債（従来のCB）
		非分離型新株予約権付社債（従来の非分離型ワラント債*）

＊：この他に，従来の分離型ワラント債があるが，これは，新しい制度では，「新株予約権＋社債」と解釈され，新株予約権付社債の規定から外された。

①　転換社債型新株予約権付社債

転換社債型新株予約権付社債（いわゆる従来の**転換社債**：convertible bonds：CB）とは，社債の発行後一定の期間内に社債権者の請求によって株式に転換する権利が与えられている社債のことである。

転換社債を株式に転換する場合には，会社法の規定に従い，一定の転換により発行する株式の発行価額（**転換価額**という）が定められる。また，転換社債は，複合金融商品の一つであり，その発行価額を，社債の対価部分と株式転換権の対価部分とに区分しないで，普通社債の発行に準じて処理する方法（**一括法**），又は両者を区分して，新株予約権付社債の会計処理に準ずる方法（**区分法**）とがあり，発行会社については，共に認められている。

②　その他の新株予約権付社債

いわゆる従来の**非分離型ワラント債**（warrant-bearing bonds：WB）とは，一定の条件のもとで起債会社の新株を引き受ける権利を与えられた社債のことであり，複合金融商品の一つである。なお，ワラント債には，次の2種類のものがあり，その処理方法が異なっている。

③　非 分 離 型

これは，新株予約権と社債とが一体となっているものである。この非分離型

（代用払い込み）で権利行使を行う場合には，新株予約権付社債と交換に株式が交付されるので，転換社債の場合と同様，新株予約権付社債の発行価額をもって，発行する株式の発行価額とする。これについては，新しい制度では，従来の転換社債と共に，新株予約権付社債とされた。

④ 分　離　型

これは，新株予約権と社債が切り離されているものである。権利行使時には，新株予約権付社債はそのまま残り，新たに現金の払い込みがなされるので，増資の場合と同様な処理をする。なお，新しい制度では，分離型ワラント債は，「新株予約権と社債」から構成されるものとして，新株予約権と社債を同時に募集し，同時に割り当てるものとして，新株予約権付社債の規定から外された。

新株予約権の処理方法には，**区分法**（それを計上する方法）と**非区分法**（計上しない方法）とがあり，発行会社については，前者の区分法が制度的に採用されている。この場合，社債の対価部分は，普通社債の発行に準じて処理し，他方，新株予約権部分は，純資産の部に計上し，その権利行使がなされたときは資本金に振替え，行使されずに期限が到来したときは特別利益（新株予約権戻入益）として処理する。

第11章　純資産会計論

1　純資産の意義

(1)　純資産の意義

従来においては，貸借対照表の構成要素を資産・負債・資本というように分類していたが，現行の制度会計では，資産・負債・純資産に分けている。ここに**純資産**（net asset：NA）とは，図11－1のように，資産から負債を差し引いた差額概念である。

図11－1　純　資　産

貸借対照表

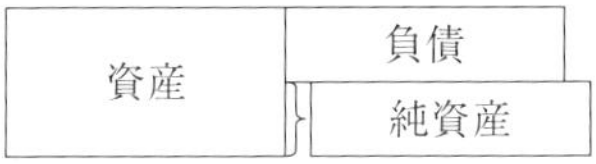

これは，いわゆる会計の国際的な**コンバージェンス**（convergence：収斂《しゅうれん》）に向けて国際会計基準審議会（IASB）が公表している国際財務報告基準（IFRS）などで採用されている**利益観**（会計上の利益の本質をどのように捉えるのかという考え方）である**資産負債アプローチ**（ALV：資産（負債）概念を中心として，両者の差額である純資産の増減を利益とみる考え方）に日本の会計制度を調整するために導入されたものである。

なお，これとの関係で，わが国では，伝統的に利益観として**収益費用アプローチ**（REV：収益費用概念を中心として，両者の差額を利益とみる考え方）が重要であると考え，純資産の内訳構成要素として**株主資本**（株主からの出資額とその運用から生じた成果としての利益の留保額）概念を残しており，両者の差額を基本的に，その他の包括利益に相当する評価・換算差額等と負債と資本の中間的な性質をもつ新株予約権であるとしている。

⑵ 純資産の部の表示

新たに導入された財務諸表上の純資産の部の表示は，表11－1のように，①株主からの出資額と損益計算書を経由して計上された利益留保額を示す**株主資本**，②損益計算書を経由せずに貸借対照表純資産の部に直接計上される評価差額や換算差額を示す**評価・換算差額等**及び③新株予約権から構成されている。ここで**株主資本**（shareholder's capital）とは，①株主からの出資額と②その運用から生じた成果（業績）としての利益（その留保額を含む）で損益計算書を経由して計上されたもののことである。

表11－1　財務諸表等規則による純資産の部の分類（会社計算規則も基本的に同様）

<table>
<tr><td rowspan="10">純
資
産</td><td rowspan="6">株主資本</td><td>資本金</td><td></td></tr>
<tr><td>新株式申込証拠金</td><td></td></tr>
<tr><td>資本剰余金</td><td>資本準備金・その他資本剰余金</td></tr>
<tr><td>利益剰余金</td><td>利益準備金・その他利益剰余金</td></tr>
<tr><td>△自己株式</td><td rowspan="2"></td></tr>
<tr><td>自己株式申込証拠金</td></tr>
<tr><td rowspan="3">評価・換算差額等</td><td>その他有価証券評価差額金</td><td rowspan="3"></td></tr>
<tr><td>繰延ヘッジ損益</td></tr>
<tr><td>土地再評価差額金</td></tr>
<tr><td>新株予約権</td><td colspan="2"></td></tr>
</table>

⑶ 純資産（資本）の分類

会計関連規則等における資本の部ないし純資産の部の分類は，次のとおりである。

資本（capital）は，種々の意味で使用されるが，**資本会計**（資本に関する会計のこと）という場合，通常，企業資金の調達源泉の面からみた場合には**自己資本**を意味し，それを帰属関係の面からみた場合には，通常，株主からの出資額である元本とその運用によって稼得された利益とからなる**株主持分**を意味する。なお，資本と利益を区別する意味で使用される資本の性質は，企業が維持すべきもの（**維持拘束性**をもつもの）という性質がある。

次に，資本の分類について見ていくことにする。

①　会計理論上の分類

会計理論上，資本は，適正な期間損益計算を行うという観点から，①拠出資本及び資本修正と，②留保利益とに源泉別に大きく分類される。前者はさらに資本金と資本剰余金とに分けられ，後者は利益剰余金と呼ばれる。これらはさらに，維持拘束性を加味して分類することもある。

②　企業会計原則上の分類

企業会計原則における資本の分類は，表11－2のように，会計理論上の分類を基礎として，これに商法計算書類規則上の分類（特に処分可能性を重視するもの）を加味している。

表11－2　企業会計原則の資本の部の分類

資本	資本金		
	剰余金	資本準備金	
		その他の資本剰余金*	
		利益準備金	
		その他の利益剰余金*	任意積立金・当期未処分利益

＊　規定上は，両者を合せて「その他の剰余金」とされている。

③　財務諸表等規則上の分類

財務諸表等規則における純資産の部は，表11－1（前掲表）のように表示される。なお，会社計算規則も基本的に同様である。

2　資本金と資本制度

(1)　資本金と資本制度

会社法上の資本制度の概要は，表11－3のとおりである。ここで**資本金**（capital）とは，**有限責任制**（自己の出資額の範囲内でのみ債務を負担する仕組みのこと）を前提とする株式会社において債権者の担保となる会社財産の最低基準額を示す**法定資本**（legal capital）ないし表示資本のことをいい，会社法上の資本（**法定資本**という）を意味する。この場合，会社は，定款に定められた会社が発行しうる株数（発行予定株式総数：**授権資本**：authorized capital）の範囲内で，取締役会の決議をもって任意に株式を発行することができる。これを**授権資本制度**（authorized capital system）という。ただし，会社の設立時に，定款で定めた授権株数の4分の1以上を発行しなければならない。

なお，現在では，従来の**最低資本金制度**（例えば，株式会社の場合には，最低の資本金1,000万円以上という制度）は，廃止されている。また，上場会社の株式に関して，株券を発行しないで，株式の管理や流通をコンピュータによって行う**株券不発行制度**（**株券電子化制度**という）が行われている。さらに，**単元株制度**（株式の銘柄ごとに決めた最低取引単位を1単元株として取り扱う制度のこと）の導入に伴って，額面株式制度が廃止され，2001年10月から会社が発行する株式はすべて**無額面株式**（non-par value stock：株式の額面金額がなく，株式数のみが表示される株式のこと）となった。また，株式の種類に関して，普通株の他に，**種類株**（議決権や配当などの権利などが普通株と異なる株式のこと）がかなり自由に設計・発行することができるようになっている。

表11－3　現行の資本制度

資本制度	内　　容
責任	有限責任制度
受権資本	受権資本制度
法定資本	資本金
最低資本金制度	無（廃止）
株券発行	株券不発行制度（株券電子化制度）
単位	単元株制度
額面	無額面株式制度（額面株式制度の廃止）
種類	普通株＋種類株
組入れ	原則：全額資本金へ組入れ，例外：2分の1基準

(2) 資本金の金額

資本金の金額は，表11－4のように，原則として，発行済株式の発行価額の総額とされる。ただし，例外として，株式の発行価額の2分の1を超えない金額の範囲内で，資本金の額としないことができる（**2分の1基準**という）。この資本金に組み入れない部分は，**株式払込剰余金**という資本準備金の1つとして処理する。

表11－4　株式発行時の資本金への組入額

株式発行時の資本金への組入額	原則	全額資本金
	例外	・　2分の1以内（2分の1基準）：資本金組入不要 ・　資本金不組入額：株式払込剰余金（資本準備金）

【例：株式の発行】
甲社は，株式10株を1株9万円で発行し，当座預金に入金した。なお，1株5万円については資本金とする。

（借）当　座　預　金	900,000	（貸）資　　本　　金	500,000
		株式払込剰余金	400,000

(3) 増資・減資

増資（capital increase）とは，設立後において資金が必要な場合に資本金を増加させることをいう。この増資には，表11－5のように，実質的増資と形式的増資とがあり，**実質的増資**とは，資本金が増加すると共に，それと同額の資産の増加ないし負債の減少が生じるものである。すなわち実質的に株主資本（自己資本）の増加を生じさせるものである。他方，**形式的増資**とは，資本金は増加するが，その分だけ資本金以外の株主資本が減少し，株主資本全体の変動は生じないものである。前者の実質的増資には，例えば，通常の新株の発行，転換社債の転換及び吸収合併などがあり，形式的増資には，例えば，株式配当や**法定準備金**（会社法で定めた準備金のことで，資本準備金と利益準備金のこと）の資本組入れなどがある。

表11－5　増資の形態の具体例

増資の形態		内　　容	
増資	① 実質的増資	a　通常の新株発行	授権資本の枠内で取締役会の決議により新株の発行を行うもの
		b　転換社債*の転換	転換社債の所有者の請求によって社債を株式に転換するものであり，これにより社債を減少させると共に資本金を増加させるもの
		c　吸収合併	合併会社が被合併会社を吸収し，その資産・負債を引き継ぐと共に新しい株式を発行して被合併会社の株主に渡すこと
	② 形式的増資	a　株式配当	配当を金銭ではなく，自社の株式を発行することにより行うもの
		b　法定準備金の資本組入	取締役会の決議において，法定準備金（資本準備金と利益準備金）の全部又は一部を資本金に組み入れるもの

＊：転換社債型新株予約権付社債

また，**減資**（capital reduction）とは，設立後必要に応じて資本金を減少させることをいう。この減資にも，資本金が減少すると共に，それと同額の資産の減少により純資産も減少する**実質的減資**と，資本金は減少するが，純資産そのものの減少は生じない**形式的減資**とがある。一般に，前者は会社の事業を縮小する目的などで行われ，後者は**欠損金**（自己資本の金額が資本金と法定準備金の合計額を下回るときのその不足額のこと）を填補《てんぽ》する目的などで行われる。

減資の方法には，株金額の払戻しや切捨てを行って株金額を減少させる方法と，**株式の消却**（自社の株式を買入れすることによって株式数を減少させること）や**併合**（既存の株式を，例えば2株を1株にするというようにまとめること）を行って株式数を減少させる方法とがある。

3　資本剰余金

(1)　資本剰余金の意義と内容

会計上の剰余金（surplus）とは，会社の株主資本のうち資本金以外の部分のことである。剰余金は，その源泉により資本剰余金と利益剰余金とに分けることができる。**資本剰余金**（capital surplus）とは，**資本取引**（capital transactions：資本を直接増減させる取引及び資本の修正取引のこと）から生じる剰余金であり，**利益剰余金**とは，**損益取引**（profit and loss transactions：資本の運用についての取引のことで，損益を生じさせるもののこと）から生じる剰余金のことである。他方，**会社法上の剰余金**とは，会社の株主資本うち資本金及び法定準備金以外の部分のことであり，配当可能な金額を示している。

(2)　資本剰余金の分類

資本剰余金は，表11－6のように，その発生の源泉に従って，資本準備金とその他の資本剰余金に分類することができる。

表11－6　資本剰余金の分類

資本剰余金	①　資本準備金	株式払込剰余金など
	②　その他資本剰余金	資本金及び資本準備金減少差益，自己株式処分差益など

(3)　資本準備金の分類

資本準備金とは，会社法の規定により積み立てられるもので，次のように，会計上の資本剰余金のうち資本の払込取引に基づいて生じた株式払込剰余金及び合併差益などのことをいう。

①　**株式払込剰余金**　　株式の発行価額のうち資本金に組み入れなかった部分のこと

②　**合併差益**　　合併会社が被合併会社から継承した純資産の額が，合併によって増加した資本の額と被合併会社の株主に支払った金額（**合併交付金**という）の合計額を超過する場合のその超過額のこと

なお，合併差益は合併の本質をどのように考えるかで異なってくる。ここで**合併**とは，会社法の合併に関する規定に従って，2つ以上の会社が1つの会社になることである。合併の形態には，吸収合併と新設合併の2つがある。ここ

に**吸収合併**とは，一方の会社が存続し，他方は解散したうえで存続会社に吸収される形態のことであり，**新設合併**とは，合併当事会社の双方が解散し，それと同時に新会社を設立する形態の合併のことである。

会計処理上，合併の本質をどのようにとらえるかには，人格合一説によるものと現物出資説によるものの2つがある。**人格合一説**とは，合併を合併会社が被合併会社の権利義務を包括的に継承し，2つ以上の会社の人格が合わさって1つの会社になるものとみる考え方であり，他方，**現物出資説**とは，合併を被合併会社の株主が合併会社に対し，その財産を現物出資する行為とみる考え方である。

4　利益剰余金

(1)　利益剰余金の意義と分類

利益剰余金とは，損益取引から生じた剰余金のことである。利益剰余金の特質は，企業が自由に処分できるという**処分可能性**にある。従来において，利益剰余金の増減変化を示すために，利益剰余金計算書が作成されていたが，現在は廃止され，これに変わって純資産全体の増減変化を示す**株主資本等変動計算書**が作成されている。利益剰余金は，表11－7のように，既に処分がなされ，社内に留保されたもの（**処分済利益剰余金**という）と，未だ処分がなされないもの（**未処分利益剰余金**という）とに分けられる。前者は，さらに会社法により積立てが強制されるもの（**利益準備金**という）と，会社の定款や株主総会の決議などにより任意に積み立てられるもの（**任意積立金**という）とに分けられる。

表11－7　利益剰余金の分類

利益剰余金	処分済利益剰余金	利益準備金
		任意積立金
	未処分利益剰余金	繰越利益剰余金

(2) 利益準備金と任意積立金

会社法では，剰余金の配当を行う場合，その配当によって減少する剰余金の10分の1を資本準備金又は利益準備金（**準備金**という）として積み立てることが要求されている。この利益準備金は，会社の利益の一部を強制的に留保させることによって会社の財政的な基礎を強固にすると共に，債権者の保護を行うことを目的としている。この利益準備金は，法定準備金の1つである。なお，これらの準備金は，株主総会の普通決議によって一部又は全部を取り崩すことができる。また，利益剰余金は，資本組入，欠損填補，その他利益剰余金への振替及び剰余金の配当などに充てる場合に，取り崩すことができる。

次に，**任意積立金**とは，株主総会の決議に基づいて会社の任意で設定される積立金のことである。表11－8のように，このうち特定の目的を持つものは**特定目的積立金**と呼ばれ，その目的を示す名称を付した科目で表示し，特定の目的を持たないで留保される積立金（**不特定目的積立金**という）は**別途積立金**で表示する。この特定目的積立金には，例えば，新築積立金，事業拡張積立金，減債積立金，配当平均積立金，欠損填補積立金などがある。また，特定目的積立金は，使用目的の達成後に消滅するか否かによって，それが消滅する**消極的積立金**と，それが消滅しないで，繰越利益剰余金などの形で企業内に残る**積極的積立金**とがある。消極的積立金の例としては，例えば，配当平均積立金，欠損填補積立金などがあり，積極的積立金には，例えば，事業拡張積立金や減債積立金などがある。

表11－8　任意積立金

任意積立金	特定目的積立金	積極的積立金
		消極的積立金
	不特定目的積立金	別途積立金

①　**新築積立金**　　これは，将来における建物の新築や増築のために積み立てられるもので，**積極的積立金**（目的を達成しても純資産の減少を伴わない積立金のこと）の1つである。

【例：新築積立金】
甲社は，建物￥10,000を新築し，小切手で支払った。なお，同額の積立金があり，これを取り崩す。

（借）建　　　物	10,000	（貸）当 座 預 金	10,000
（借）新 築 積 立 金	10,000	（貸）新築積立金取崩益	10,000

② **別途積立金**　これは特定の目的をもたない積立金である。その取崩しは株主総会でなされ，取崩額は株主資本等変動計算書に記載される。

5　自己株式

自己株式（treasury stock）とは，自社が発行した株式を取得し，それをまだ処分ないし消却せずに手許にある株式のことである。これは，会社法上，資本の払戻し取引（資本取引）と考えられる。自己株式の処理方法は，従来の資産処理法（資産として処理する方法）から資本（控除）処理法に変った。そして，自己株式は株主資本の部の末尾に控除形式で表示するものとされている。

【例：自己株式】
自己株式100円を現金で取得し，保有している。

（借）自 己 株 式	100	（貸）現　　　金	100

6　評価・換算差額等

評価・換算差額等（revaluation and translation differences）とは，いわゆるその他の包括利益（other comprehensive income）に属する損益計算書を経由せずに純資産の部に直接計上される項目（純資産直入項目）のことである。

これには，その他有価証券評価差額金，繰延ヘッジ損益，土地再評価差額金などがある。

なお，これらの項目は，税効果会計適用後の金額が計上される。

①　その他有価証券評価差額金

その他有価証券評価差額金（valuation difference of other securities）とは，その他有価証券を期末に時価評価することによって生じる評価差額であり，損益計算書を経由せずに，税効果会計適用後の金額で，純資産の部に直接計上されるものである。

【例：その他有価証券評価差額金】
長期保有目的の有価証券200円の期末時価は300円であった。なお，税効果会計を適用（実効税率40%）する。

（借）投資有価証券	100	（貸）繰延税金負債	40*
		その他有価証券評価差額金	60

＊：40＝(300－200)×0.4

②　繰延ヘッジ損益

繰延ヘッジ損益（deferred hedge gain and loss）とは，ヘッジ会計において**繰延ヘッジ法**（ヘッジ手段の損益を，その発生時ではなく，ヘッジ対象の損益が認識されるまで遅らせ，ヘッジ対象とヘッジ手段の損益を同一期間に認識する方法のこと）を採用した場合に，ヘッジ手段に生じる損益を，ヘッジ対象についての損益が生じる期間まで繰り延べたものである。

③　土地再評価差額金

土地再評価差額金（land revaluation difference）とは，土地の再評価に関する法律（いわゆる**土地再評価法**）に基づいて**事業用の土地**（すなわち販売用の商品としての土地以外の土地）の再評価を行う場合に，土地の取得原価と時価との差額として計上されるものである。なお，現在は，土地の再評価は認められていない。

7　新株予約権

新株予約権（stock warrant）とは，その権利の行使によって，その会社の株式の交付を受けることができる権利のことである。これは，純資産の部に新株予約権者から払い込まれた金額で計上する。そして，これが行使された時，行使された部分の金額をもって，新株予約権勘定を減額する。また，新株予約権の行使期間内に行使されなかった部分については，**新株予約権戻入益**（特別利益）として処理する。

【例：新株予約権】

新株予約権100円を発行し，当座預金に入金した。

（借）当　座　預　金	100	（貸）新　株　予　約　権	100

第12章　財務諸表

1　財務諸表の意義と種類

(1)　財務諸表の意義

財務諸表（F／S）とは，企業が自社の経営状況に関する会計情報をその利用者に伝達するために作成する計算書のことである。この作成者は企業すなわち経営者であり，その利用者としては，外部の利害関係者である株主，債権者，国などと，内部の利害関係者である経営者がいる。これらの利害関係者が自己の経済的意思決定をするうえで，必要な信頼しうる会計情報を提供するために財務諸表が利用される。また，今日の経済社会における大企業では，所有と経営が分離しているので，経営者は所有者から資本の管理運用を委託されているが，財務諸表は経営者が自己の受託した資本に対する責任（**受託責任**ないし**会計責任**：accountabilityという）を明らかにし，それを果たすための手段としても利用される。すなわち，経営者は，資本提供者から委託された資源をいかにうまく管理運用したかを毎期財務諸表にまとめて，それを株主などに伝達し，自己の受託責任を解除する。

(2)　財務諸表の種類

財務諸表の種類は，種々の観点から分けられる。まず，大きく会社の活動上どのような機会に作成されるかの観点から，開業時に作成される**開業財務諸表**（**開業貸借対照表**），会社の存続期間中において定期的に作成される**定期財務諸表**及び会社の清算時又は破産時に作成される**清算財務諸表**（**清算貸借対照表**）又は**破産財務諸表**（**破産貸借対照表**）がある。開業・清算及び破産貸借対照表は，実地棚卸による財産目録に基づき棚卸法により作成されるのに対し，定期財務諸表は，今日では帳簿記録に基づき誘導法により作成される。このうち，通常は，定期的に作成される財務諸表が，会計理論上重要である。

定期財務諸表には，作成される時期の違いにより，会計期間の中途で四半期ごとに作成される**四半期財務諸表**（quarterly F／S）と，会計期間末に作成される**決算財務諸表**（closing F／S）に分けられる。四半期報告制度は，適時性・迅速性の確保のために，金融商品取引法にもとづき2008年4月1日以後開始する事業年度から上場会社などに導入された開示制度である。なお，四半期財務諸表の構成は，四半期貸借対照表，四半期損益計算書，四半期キャッシュ・フロー計算書及び注記事項である。四半期財務諸表は金融商品取引法により上場企業などのみが作成するものであるが，決算財務諸表はすべての企業で作成されるので，ふつう単に財務諸表といえば，決算財務諸表のことを指している。

前述のように，**損益計算書**は一会計期間における企業の経営成績を示すものであり，**貸借対照表**は期末における企業の財政状態を示すものである。また，**財務諸表附属明細表**は，貸借対照表及び損益計算書の重要項目について，その残高の内容などの明細を示したものである。そして，2006年の会社法施行によって従来の利益処分計算書は廃止され，株主資本等変動計算書に整理統合された。ここに**株主資本等変動計算書**とは，企業の1会計期間における純資産の変動の状況を示す計算書のことである。

また，財務諸表を作成する会計単位の大きさにより，法的実体である企業を対象とする**個別財務諸表**（individual F／S）と，経済的に支配従属関係にある企業集団を対象とする**連結財務諸表**（consolidated F／S）とがある。個別財務諸表は，法的に独立した個々の企業が作成するもので，すべての企業が作成しなければならないので，ふつう単に財務諸表といえば決算財務諸表としての個別財務諸表を指している。また，連結財務諸表は，企業集団全体の経営状況を表示するために作成するもので，連結貸借対照表，連結損益計算書，連結包括利益計算書，連結株主資本等変動計算書及び連結キャッシュ・フロー計算書からなる。これらは，金融商品取引法に基づいて上場会社などの親会社のみが作成するものである。

2 損益計算書

(1) 損益計算書の意義と様式

損益計算書とは，前述のように，1会計期間における企業の経営成績を表示するための計算書のことである。そして，このために，そこでは，その期に属するすべての収益とこれに対応するすべての費用とを記載し，利益の発生源泉を表示する。損益計算書は，簡潔な一覧表として作成されるので，不足する情報は注記や附属明細表により補足される。

損益計算書の様式には，前述のように，勘定式と報告式の2つがある。そして，財務諸表等規則では，報告式によるべきこととしているが，会社計算規則では特に定めがない。

また，損益計算書は，その内容が区分されて表示されるか否かにより，**無区分損益計算書**（non-sectional P／L：収益及び費用を区分せず一括して記載し，収益から費用を差し引いて純利益を計算するもののこと）と**区分損益計算書**（sectional P／L：収益及び費用をその発生源泉の類似性に従っていくつかの区分に対応表示するもののこと）に分けられる。前者の方法による場合には，利益がどのような種類の収益活動から発生したのか，判断することが難しい。他方，後者は，一定の類似性のある利益の発生源泉が表示されているので，利益の質に関する経営分析もできる。それゆえ，この方式のものが現行の制度会計で採用されている。

(2) 損益計算書の種類

損益計算書には，その作成目的より，当期業績主義損益計算書と包括主義損益計算書とがある。**当期業績主義損益計算書**とは，当期の正常な経営成績を正確に反映させるため，経常的な損益項目である期間収益項目と期間費用項目とを対応させて当期純損益を計算・表示するものである。この計算書の目的は，企業の期間的な正常収益力を表示しようとするものなので，臨時損益項目及び前期損益修正項目という期間外損益は，利益剰余金計算書に記載されることとなる。

他方，**包括主義損益計算書**とは，経常的損益（期間損益）項目のみならず，**期間外損益項目**（すなわち臨時損益項目などのこと）をも含めて損益計算を行い，当期純利益を計算表示するものである。その目的は，企業の長期的平均収益力を表示し，最終的には処分可能利益を表示するものである。なお，現行の企業会計原則が予定している損益計算書は包括主義計算書である。

(3) 包括利益計算書

包括利益計算書（statement of comprehensive income）とは，資本取引を除く，1会計期間において認識された取引および経済的事象により生じた純資産の変動としての包括利益の内容を報告するために作成する計算書であり，そこでは，表12－1のように，当期純利益及びその他の包括利益（OCI）が表示される。

表12－1　包括利益の内容

包括利益＝当期純利益＋その他の包括利益

なお，包括利益計算書の作成方式には，**一計算書アプローチ**（1つの包括利益計算書だけで，当期純利益やその他の包括利益という包括利益のすべての内容を示そうというアプローチ）と**二計算書アプローチ**（当期純利益を損益計算書で示し，その他の包括利益を包括利益計算書で示すという二計算書を用いるアプローチ）がある。

表12－2　包括利益計算書の作成アプローチ

作成アプローチ	作成される計算書
一計算書アプローチ	包括利益計算書
二計算書アプローチ	損益計算書と包括利益計算書

3　企業会計原則による損益計算書の作成

ここでは，企業会計原則に従った場合の損益計算書の作成について学習していくことにする。

(1)　企業会計原則による損益計算書の作成原則

企業会計原則は，損益計算書の作成・表示に関して，次のような原則を規定している。

①　対応表示の原則（principle of matching costs with revenues）

費用及び収益は，純損益の発生源泉を明らかにするために，その発生源泉に従って明瞭に分類し，各収益項目とそれに関連する費用項目とを損益計算書に対応表示しなければならない。これにより，損益計算書は，営業損益・経常損益及び純損益計算の各区分に分けられ，それぞれの区分において費用と収益の対応表示が行われる。この場合，費用及び収益は，取引規模を明示するために，総額によって記載すること（**総額主義**）を原則とし，費用の項目と収益の項目とを直接に相殺することによって，その全部又は一部を損益計算書から除去してはならない。

(2)　企業会計原則による損益計算書の内容

企業会計原則上，損益計算書は，図12－1のように，営業損益計算，経常損益計算及び純損益計算という3つの区分に分けられる。なお，純損益計算の区分において，当期純利益が計算される。本来の損益計算書は，ここまでである。

図12－1　損益計算書の区分

<table>
<tr><td rowspan="7">当期純損益</td><td rowspan="5">経常損益</td><td rowspan="3">営業損益</td><td colspan="2">営業収益</td><td>売上</td></tr>
<tr><td rowspan="2">営業費用</td><td>売上原価</td><td>売上原価</td></tr>
<tr><td>販売費及び
一般管理費</td><td>給料，交通費，交際費など</td></tr>
<tr><td rowspan="2">営業外損益</td><td colspan="2">営業外収益</td><td>受取利息，受取配当金など</td></tr>
<tr><td colspan="2">営業外費用</td><td>支払利息，有価証券売却損など</td></tr>
<tr><td rowspan="2">臨時損益</td><td rowspan="2">特別損益</td><td colspan="2">特別利益</td><td>投資有価証券売却益など</td></tr>
<tr><td colspan="2">特別損失</td><td>固定資産売却損，災害損失など</td></tr>
</table>

①　営業損益（operating income or loss）計算の区分

営業損益計算の区分は，**経常的な**（毎期繰り返し発生するような）企業の主たる営業活動（**本業**という）から生じる収益及び費用を記載して，**営業利益**を計算する区分である。

この区分では，次のように，1会計期間に属する売上高から売上原価を控除して**売上総利益**を計算し，これから販売費及び一般管理費を控除して**営業利益**を計算する。

a　売上高（sales）　これは，原則として，実現主義の原則に従い商品を販売することなどにより実現したものに限る（販売基準）。

b　売上原価（cost of sales）　これは，販売した商品などの原価であり，売上高に個別的・直接的に対応する費用である。

商業の場合には，表12－3のように，売上原価は，期首商品棚卸高に，当期商品仕入高を加え，これから期末商品棚卸高を控除する形式で表示する。

表12－3　商業の場合の売上原価の算式

【商業】　売上原価＝(期首商品棚卸高＋当期仕入高)－期末商品棚卸高

また，製造業（メーカー）の場合も，同様に，期首製品棚卸高に当期製品製造原価を加え，それから期末製品棚卸高を控除する形式で表示する。なお，この場合には，当期製品製造原価の内訳を示した製造原価報告書を作成する。

ここに**販売費及び一般管理費**とは，販売及び一般管理活動に伴って発生する費用のことである。これは，原則として，売上原価及び期末棚卸高に算入してはならない。ただし，例外として，長期の請負工事の場合については，販売費及び一般管理費を適当な比率で請負工事に配分し，売上原価及び期末棚卸高に算入することができる。

②　経常損益（ordinary income or loss）計算の区分

経常損益計算の区分は，営業損益計算の結果を受けて，企業の主たる営業活動以外の**経常的な**（毎期繰り返し発生するような）活動（**副業**という）から生じる収益及び費用を記載して，**経常利益**を計算する区分である。すなわち，この区分では，営業利益に営業外収益を加え，これから営業外費用を控除して経常利益を計算する。この利益は，当期業績主義による当期純利益を示す。

これに属する主要な項目は，**財務取引**（資金の調達と運用に関連する取引のこと）から生じる収益費用である。この営業外収益には，受取利息及び割引料，有価証券売却益などがあり，営業外費用には，支払利息及び割引料，有価証券売却損，有価証券評価損などがある。

③　純損益（net profit or loss）計算の区分

純損益計算の区分は，経常損益計算の結果を受けて，企業の**非経常的な**（毎期繰り返し発生しないような）活動から生じる収益及び費用を記載して，**当期純利益**を計算表示する区分である。この区分では，経常利益に特別利益を加え，これから特別損失を控除して，税引前当期純利益を計算し，さらに，当期の負担に属する法人税等（並びに法人税等調整額）などを加減して当期純利益を表示する。なお，税引後当期純利益は，包括主義による当期純利益を示す。

特別損益項目は，稀にしか発生しない臨時的な**臨時損益項目**（extraordinary profit and loss items）及び過年度の損益が正しく計上されていないことが確認された場合にそれを当期において修正するための**前期損益修正項目**（adjusting items of profit and loss for the previous period）からなっている。これらの項目を例示すれば，表12－4のとおりである。

表12－4　特別損益項目

㋐　臨時損益項目
1　固定資産売却損益 2　転売以外の目的で取得した有価証券の売却損益 3　災害による損失
㋑　前期損益修正項目
1　過年度における引当金の過不足修正額 2　過年度における減価償却の過不足修正額 3　過年度における棚卸資産評価の訂正額 4　過年度償却済債権の取立額

この場合，特別損益に属する項目であっても，金額が僅少なもの，又は毎期経常的に発生するものは，経常損益計算に含めることができる。また，法人税などの**更正**（税額などに誤りがあった場合に税務署長がこれを，正しいものにすること），**決定**（税務申告をすべき者がこれを行わなかったとき，税務署長が税額などを決めること）などによる追徴税額及び還付税額は，税引前当期純利益に加減して表示する。この場合，原則として，当期の負担に属する法人税額等とは区別するが，重要性が乏しい場合には，当期の負担に属するものに含めて表示することができる。

なお，企業会計原則では，この他に，「**未処分利益計算の区分**」が規定されているが，現行の制度では認められていないので，ここでは省略する。

(3) 財務諸表の遡及処理

前述のように，企業会計原則では，特別損益項目として前期損益修正項目を掲げている。しかし，現行制度では，図12－2のように，企業会計基準第24号「会計上の変更及び誤謬の訂正に関する会計基準」が2011年4月以降に適用されており，有用な意思決定情報を提供するために，過去の財務諸表を直接的に遡及的に修正して，期間的な比較可能性を確保できるようにしている。

図12－2　遡及処理等の概要

<table>
<tr><th colspan="3">前期損益を修正すべき項目など</th><th colspan="2">遡及処理の原則的な処理</th></tr>
<tr><td rowspan="4">前期損益修正項目など</td><td rowspan="3">会計上の変更</td><td>会計方針の変更</td><td>○</td><td>過去のF／Sへの遡及適用</td></tr>
<tr><td>表示方法の変更</td><td>○</td><td>財務諸表の組替え</td></tr>
<tr><td>会計上の見積りの変更</td><td>×</td><td>－</td></tr>
<tr><td colspan="2">過去の誤謬の訂正</td><td>○</td><td>過去のF／Sの修正再表示</td></tr>
</table>

（注）○：遡及処理する，×：遡及処理しない，F／S：財務諸表

なお，損益計算書などの財務諸表の様式（ひな型）は，本書の最後に示されている。

4　貸借対照表

⑴　貸借対照表の意義と様式

貸借対照表とは，一定時点（通常，期末）における企業の財政状態を表示するための計算書のことである。このため，貸借対照表は，貸借対照表日（**決算日**）におけるすべての資産・負債及び純資産（資本）を記載しなければならない。ここに，**財政状態**（financial position）とは，企業資金の調達源泉とその具体的な運用状況のことであり，前者は，負債と純資産（資本）とで表わされ，また後者は，資産により表わされる。なお，貸借対照表は，明瞭性の観点から簡潔な一覧表として作成されるが，不足する情報は注記や附属明細表により補足する。

貸借対照表の**様式**は，損益計算書と同様に，勘定式と報告式の２つのものがある。また，財務諸表等規則では，報告式によるべきこととしている。

⑵　貸借対照表の区分と配列

貸借対照表の**区分**は，明瞭性を高める観点から，その財政状態を示すことのみならず，その質すなわち**財務安全性**（債務の返済能力があるかどうかということ）を明らかにするために，**財産性**（個別的な売却可能性のこと）の有無や流動・固定の観点から区分が行われる。すなわち，まず資産は，財産性の有無の観点から，財産性のない繰延資産とその他の資産とに分けられる。

そして，財産性のある資産は，流動・固定の観点から，前述のように，流動性の高い流動資産と流動性の低い固定資産とに分けられる。さらに，固定資産は，有形か無形かなどの観点から，形のある有形固定資産，形のない無形固定資産及び投資などの目的のために所有されている投資その他の資産に分けられる。また，負債は流動・固定の観点から，流動負債と固定負債とに分けられる。そして，資本は，維持拘束性・処分可能性の観点から維持拘束性の高い順から，資本金，資本準備金，利益準備金及びその他の剰余金に分けられる。

貸借対照表の資産などの**配列法**（arrangement）には，前述のように，流動性配列法と固定性配列法とがある。ここで，**流動性**（liquidity）とは，現金への転化の速さのことである。なお，配列には，区分の配列と項目の配列とが考えられる。前者の流動性配列法によれば，資産は流動資産，固定資産の順に，また負債も流動負債，固定負債の順に並べられることになる。これは支払いのタイミングも考慮した企業の支払能力を表示するのに有用な情報となる。そして，後者の方法によれば，資産は固定資産，流動資産の順に，負債も同様の順に並べられる。

なお，いずれの場合も，繰延資産及び資本（純資産）は，分類の観点が異なるので，それぞれ資産の部の最後及び負債の後に記載されることになる。

なお，企業会計原則や財務諸表規則では，流動性配列法によるべきこととしている。

5　企業会計原則による貸借対照表の作成

(1)　企業会計原則による貸借対照表の作成原則

ここでは，企業会計原則に従った場合の貸借対照表の作成について学習していくことにする。

企業会計原則は，貸借対照表の作成・表示に関して，次のような原則を規定している。

①　完全性の原則（principle of completeness）

これは，「貸借対照表は企業の財政状態を明らかにするために，貸借対照表日におけるすべての資産・負債及び資本（純資産）を表示しなければならない」という原則である。ただし，重要性の原則に従って，重要性の乏しいものについては，貸借対照表に記載しないことができる。

②　区分表示の原則（principle of sectional disclosure）

これは，「資産・負債及び資本（純資産）は，適当な区分・配列及び評価の基準に従って記載しなければならない」というものである。これにより，資産は流動資産，固定資産及び繰延資産に分けられる。負債及び資本（純資産）の区分や配列も前述のとおりである。

③ **総額主義の原則**（principle of gross amount）

これは，「資産・負債及び資本（純資産）は，総額によって記載することを原則とし，資産の項目と負債又は資本（純資産）の項目とを相殺することによって，その全部又は一部を貸借対照表から除去してはならない」という原則である。

(2) 企業会計原則による貸借対照表の内容

企業会計原則上に貸借対照表は，資産の部，負債の部及び資本（純資産）の部という3つの区分に分けられる。

(3) 資産の部（section of assets）

資産の部は，資産としての性質（資産性）すなわち将来の収益獲得能力のあるものが計上される。そして，この部は，流動資産，固定資産及び繰延資産の区分に分けられる。固定資産の区分は，さらに有形固定資産，無形固定資産及び投資その他の資産の区分に分けられる。なお，資産及び負債の配列は，流動性配列法による。

① **流動資産の部**（section of current assets）

この区分には，財産性のある資産で，かつ営業循環基準及び1年基準により流動性のあるものとされたものが表示される。これには，当座資産，棚卸資産及びその他の流動資産がある。この場合，貸借対照表に記載する資産の価額は，原則として，その資産の取得原価を基礎として計上する。

② **固定資産の部**（section of fixed assets）

この区分には，有形固定資産，無形固定資産及び投資その他の資産が記載される。

③ **繰延資産の部**（section of deferred assets）

この区分には，財産性はないが**資産性**（将来の収益獲得に貢献する能力：用役潜在力）があると認められたものが表示される。例えば，創立費，開業費などがある。

これらの資産については，償却額を直接的に控除した未償却残高を記載する。

⑷ 負債の部（section of liabilities）

負債の部は，次のように流動負債と固定負債の２つに分けられる。

① 流動負債（current liabilities）

この区分には，営業循環基準又は１年基準で流動性のあるとされた負債が表示される。これには営業債務，引当金，その他の流動負債がある。

なお，債務のうち役員など企業の内部者に対するものと親会社又は子会社に対するものは，特別の科目を設けて区別して表示するか又は注記する。

② 固定負債（fixed liabilities）

この区分には，１年基準で固定性のあるものとされた負債が表示される。これには，社債・長期借入金などの営業外債務と退職給付引当金などの引当金とがある。

⑸ 資本（純資産）の部（section of owners' equity）

この区分は，資本主からの出資額とその運用成果（利益）を表示するものであり，大きく資本金と剰余金とに分けられる。

資本金は，**法定資本**（会社法で定められた資本のこと）の額を記載する。発行済株式の数は，普通株，優先株などの種類別に注記する。

剰余金は，資本準備金，利益準備金及びその他の剰余金に区分する。資本準備金には，株式払込剰余金及び合併差益などがある。

⑹ 注　記（notes）

表 12 － 5のような**財務内容**（企業の財務的な内容のことで，具体的には，危険性，収益性，財務安全性など）を判断するために重要な事項は，貸借対照表に注記しなければならない。

表12－5　貸借対照表上の注記

① 受取手形の割引高又は裏書譲渡高
② 保証債務などの偶発債務（現在の債務ではないが，将来一定の事象が生じたとき，債務になる可能性のあるもののこと）
③ 債務の担保に供している資産
④ 発行済株式1株当たり当期純利益：EPS（＝当期純利益÷発行済株式数）
⑤ 発行済株式1株当たり純資産額（＝純資産額÷発行済株式数）など

6　株主資本等変動計算書

(1)　株主資本等変動計算書の意義

株主資本等変動計算書（statement of shareholders' equity：S／S）とは，企業の1会計期間における純資産のうち，主として株主資本の増減変動の状況を明らかにするための計算書である。この計算書の構成は，株主資本の構成項目（資本金，資本剰余金，利益剰余金及び自己株式），評価・換算差額等及び新株予約権である。

(2)　作成方法

この計算書の作成方法は，企業会計基準第6号「株主資本等変動計算書に関する会計基準」に規定されている。

この様式としては，表12－6のように，縦様式と横様式がある。すなわち，この計算書の構成項目を縦に示す様式（**縦様式**という）と，この計算書の構成項目を横に示す様式（**横様式**という）とがある。

表12－6　株主資本等変動計算書の様式

縦様式	構成項目を縦に示す様式
横様式	構成項目を横に示す様式

第13章　連結会計論

1　連結財務諸表の意義と内容

(1)　連結財務諸表の意義と内容

企業は単独で活動する場合もあるが，法的には独立した複数の企業が経済的に1つのグループ（**企業集団**という）を形成し，グループ全体として同一の経済目的のために活動する場合がある。この場合は，一般に他の企業の財務及び営業又は事業の方針を決定する株主総会などの機関（**意思決定機関**という）を支配している企業を**親会社**（parent company）といい，当該他の企業を**子会社**（subsidiary company）という。ここでは，親会社は子会社を自由に支配できる関係（**支配従属関係**という）が存在する。このような支配従属関係にある企業集団を1つの組織体とみなして，図13－1のように，親会社が，総合的にこの企業集団の財政状態，経営成績及びキャッシュ・フローの状況を適正に報告するために作成する財務諸表を**連結財務諸表**といい，これを対象とする会計を**連結会計**という。そして，個々の企業が作成する財務諸表を**個別財務諸表**といい，これを対象とする会計を**個別会計**という。

図13－1　個別財務諸表と連結財務諸表

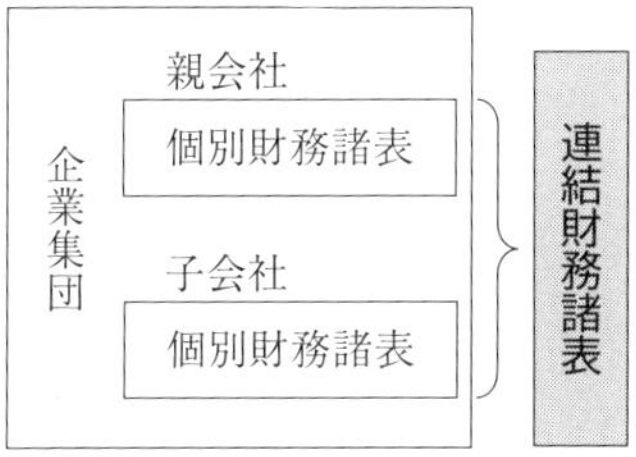

連結財務諸表の構成は，表13－1のように，**連結貸借対照表**（一定時点の企業集団全体の財政状態を表示する計算書），**連結損益計算書**（一定期間の企業集団全

体の当期純利益としての経営成績を示す計算書)，**連結包括利益計算書**（一定期間の企業集団全体の包括利益としての経営成績を示す計算書)，**連結株主資本等変動計算書**（一定期間の企業集団全体の純資産の変動の状態を示す計算書)，**連結キヤツシユ・フロー計算書**（一定期間の企業集団全体のキャッシュの収支の状況を示す計算書）及び**連結附属明細表**（連結貸借対照表や連結損益計算書などの主要な項目の明細を示す計算書）から成り立っている。

わが国において，この連結会計制度は1977年4月から導入された。そして，1999年4月から，会計制度について，従来の個別会計を中心とする考え方（**個別会計中心主義**）から連結会計を中心とする考え方（**連結会計中心主義**）へ移行した。また，2008年4月からは，より一層の**適時開示**（timely disclosure）を行うために，上場会社などに対して，従来の中間連結財務諸表に代えて，四半期連結財務諸表（quarterly consolidated financial statements）を作成公表する**四半期報告制度**が導入された。

連結財務諸表に関する規則としては，連結財務諸表原則及び同注解と「連結財務諸表の用語，様式及び作成方法に関する規則」(いわゆる**連結財務諸表規則**)，連結キャッシュ・フロー計算書等の作成基準，会社計算規則，「連結財務諸表に関する会計基準」などが公表されている。

表13－1　連結財務諸表の体系

会社計算規則	連結財務諸表規則
連結貸借対照表	連結貸借対照表
連結損益計算書	連結損益計算書
連結株主資本等変動計算書	連結包括利益計算書
連結注記表	連結株主資本等変動計算書
（事業報告*）	連結キャッシュ・フロー計算書
	連結附属明細表

*：通常，財務諸表とは考えられていない。

(2)　連結会計の意義

会計上，**連結会計**という場合には，表13－2のように，企業集団全体としての連結財務諸表の作成全体についての**広義の連結会計**と，そのうちの関連会社などに適用される1行連結と呼ばれる**持分法会計**に対応する概念としてのすべての個別財務諸表を連結する**狭義の連結会計**という意味がある。

表13－2　連結会計の分類

連結会計の分類		特　徴	内　　容
（広義の）連結会計	（狭義の）連結会計	全部連結	全ての親会社及び子会社の数値（財務諸表）を合算して作成する会計
	持分法会計	1行連結	被投資会社の純資産及び損益の増減に応じて，その投資勘定を修正する会計

2　連結主体論

連結会計を誰のために行うのかという考え方を**連結主体論**という。これについての代表的なものには，次のようなものがある。

①　親会社説

これは，親会社の株主を連結財務諸表の中心的な利用者であるとみなして，連結企業集団の中心は親会社の株主であると考え，会計上の判断も親会社の株主のために行い，それゆえ，連結財務諸表は，親会社の個別財務諸表を拡張したものと見る考え方である。この立場では，親会社の株主の出資額だけが，株主資本となり，非支配株主の出資持分は，株主資本以外の項目（株主資本以外の純資産や負債など）として取り扱われる。わが国においては，伝統的にこの説が採用されてきたが，最近では，会計の国際的な統合化の視点から，経済的単一体説移行しつつある。

②　経済的単一体説

これは，連結企業集団を1つの経済体とみなして，連結財務諸表は，このような経済体の経済活動を表すべきものと見る考え方であり，企業集団全体の観点から連結財務諸表を作成しようとするものである。この立場では，支配株主である親会社と非支配株主も，企業集団への出資者として同等に取り扱われる。

国際財務報告基準（IFRS）などは，基本的にこの説によっている。

3　連結財務諸表の一般原則

連結財務諸表の作成及び表示の全般にかかる基本的な原則が，連結財務諸表の一般原則であり，次のものがある。

⑴　**真実性の原則**　　これは，「連結財務諸表は，企業集団の財政状態及び経営成績に関して真実な報告を提供するものでなければならない。」（一般原則一）という原則であり，他の諸原則を遵守することによりこれが達成される。

⑵　**個別財務諸表準拠性の原則**　　これは，「連結財務諸表は，企業集団に属する親会社及び子会社が一般に公正妥当と認められる企業会計の基準に準拠して作成した個別財務諸表を基礎として作成されなければならない。」（一般原則二）という原則である。すなわち，連結財務諸表は，適正な個別財務諸表を基礎として作成することを要求する原則である。

⑶　**明瞭性の原則**　　これは，「連結財務諸表は，企業集団の状況に関する判断を誤らせないよう，利害関係者に対し必要な財務情報を明瞭に表示するものでなければならない。」（一般原則三）という明瞭な表示を要求する原則である。

⑷　**継続性の原則**　　これは，「連結財務諸表作成のために採用した基準及び手続は，毎期継続して適用し，みだりにこれを変更してはならない。」（一般原則四）という比較可能性の確保や利益操作の防止をするために，継続的な処理の一貫性を求める原則である。

4　連結財務諸表作成の一般基準

連結財務諸表の作成のための一般基準としては，次のようなものがある。

⑴　連結の範囲

連結会計の対象範囲を**連結範囲**といい，親会社は，図13－2のように，原則としてすべての子会社を連結に含めなければならない。このように連結の範囲に含まれる子会社を**連結子会社**という。これと親会社とを合わせて**連結会社**という。反対に，連結に含まれない子会社を**非連結子会社**という。

図13－2　連結の範囲

親会社	連結	する	－	**連結会社**
子会社			連結子会社	
子会社		しない	**非連結子会社**	

この場合，連結範囲の決定基準には，**持株基準**（majority ownership standard：株式の保有割合で判断する基準のこと）と**支配力基準**（controlling-power standard：実質的に支配しているか否かを判断基準とするもののこと）があり，制度的には，従来の持株基準から支配力基準へと変化してきている。

(2) 連 結 除 外

子会社であっても，次のような場合には，例外的に連結の範囲から除かれる（**連結除外**という）。

- 支配が一時的であるとみなされる会社
- 上記以外の会社であって，連結することにより利害関係者の判断を著しく誤らせるおそれのあると考えられる会社

また，重要性の原則の適用によって，その資産，売上高，損益，利益剰余金などから判断して，連結の範囲から除外してもよいとみなされる会社については，連結の範囲から除外することが認められている。

(3) 連結決算日

連結財務諸表の作成期間は1年とし，親会社の決算日（**連結決算日**という）に連結決算を行う。

⑷　会計処理の統一

連結財務諸表は，個別財務諸表に調整を加え，合算して作成するので，子会社の会計処理の原則及び手続は，原則として親会社のものに統一しなければならない。

5　連結貸借対照表

⑴　連結貸借対照表の概要

期末における企業集団全体の財政状態を示す連結貸借対照表は，図 13 － 3 のように，親会社及び子会社の個別貸借対照表における資産・負債及び純資産（資本）の金額を基礎とし，子会社の資産及び負債の時価評価，連結会社相互間の投資と資本（純資産）及び債権と債務を相殺消去して作成する。このように，連結貸借対照表などの連結財務諸表は，全ての親会社及び子会社の数値を合算して作成されるので，**全部連結会計**と呼ばれることがある。

図 13 － 3　主な連結財務諸表の作成手続

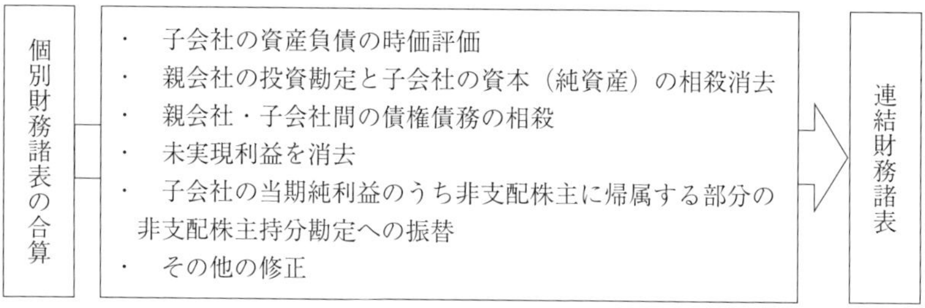

⑵　子会社の資産負債の時価評価

まず，子会社の資産負債の時価評価を行う。この子会社の資産負債の評価方法には，全面時価評価法と**部分時価評価法**（子会社の資産負債のうち親会社持分に対応する部分を，株式の取得日ごとに，かつ取得日ごとの時価で評価替えする方法）があり，全面時価評価法によることとされている。

全面時価評価法とは，支配獲得の時点において子会社の全ての資産負債を時価評価して連結貸借対照表に含めようという考え方である。この方法では，簿価と時価の差額の全部が評価差額となり，子会社の資産負債に加減される。

【例：資産の評価増】

（借）資　　　産　×××　（貸）繰延税金負債　×××
　　　　　　　　　　　　　　　評　価　差　額　×××

さらに，この評価差額は，子会社の資本（純資産）に含められた後で，投資と資本（純資産）の相殺消去手続きを経て，親会社持分は投資と相殺され，非支配株主持分は非支配株主持分勘定に振替えられる。この場合，子会社の資産負債を時価評価し，税効果会計を適用するので，評価差額は繰延税金負債（資産）を加減した後の金額となる。

表13－3　全面時価評価法

摘　要	内　　容
評価の範囲	子会社の資産負債の全部
評価の時期	支配獲得時1回限り
時価	支配獲得時の時価

【例：全面時価評価法】

次の資料に基づき，連結修正仕訳を全面時価評価法により行いなさい。なお，税効果会計を適用する（実効税率40%）。

土地原価　¥2,000，時価　¥3,000，親会社持分　80%

（借）土　　　地　1,000*1　（貸）繰延税金負債　400*2
　　　　　　　　　　　　　　　　評　価　差　額　600*3

＊1：1,000 =（3,000 − 2,000）

＊2：400 = 1,000 × 0.4

＊3：600 = 1,000 ×（1 − 0.4）

(3)　投資と資本（純資産）の相殺消去

従来において**資本連結**とも呼ばれ，連結貸借対照表の作成上，図13－4のように，親会社の子会社に対する投資とこれに対応する子会社の資本（純資産）は，その取得日などを基準として相殺消去（支配獲得時に子会社の資産・負債は時価評価）し，消去差額が生じる場合にはそれをのれんとして計上すると共に，子会社の資本（純資産）のうち親会社持分に帰属しない部分を非支配株主持分へ振り替える手続きのことである。このような処理を行う理由は，企業集団全体からすると，これらは内部投資に過ぎないと考えられるからである。

【投資と資本（純資産）の相殺消去】
（前提：子会社の純資産の内訳：資本金と利益剰余金のみの場合）

（借）	資　本　金	×××	（貸）子 会 社 株 式	×××
	利 益 剰 余 金	×××		

図 13 － 4　投資と資本（純資産）の相殺消去

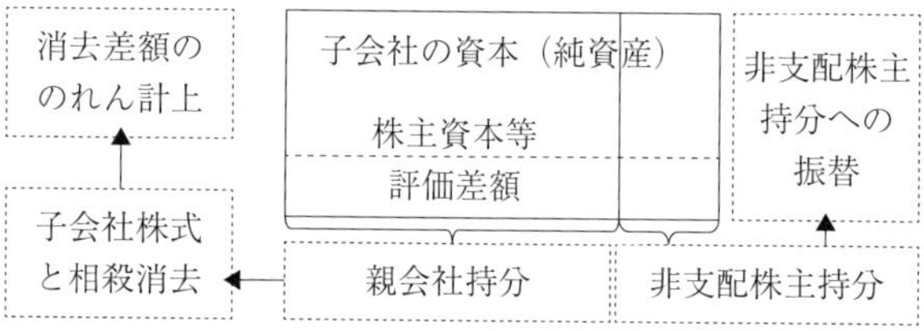

①　消去差額の原因分析

投資と資本（純資産）を相殺消去することによって生じた投資消去差額は，**のれん**（又は**負ののれん**）として処理し，通常20年以内に毎期均等額の償却をする。

【のれんの発生時】

（借）	の　れ　ん	×××	（貸）相　手　勘　定	×××

②　非支配株主持分

子会社の純資産（資本）勘定のうち親会社の持分に属さない部分は**非支配株主持分**と呼ばれ，**非支配株主持分勘定**（純資産の部）へ振り替える。

【非支配株主持分への振替】

（借）相　手　勘　定	×××	（貸）非支配株主持分	×××

【例：投資と資本（純資産）の相殺消去】

×2年1月1日にP社は，次のような財政状態にあるS社の発行済株式総数100株のうち60株を¥20,000で取得した。同年12月31日（決算日）における投資と資本の消去仕訳を示しなさい。

S社　　貸借対照表

現金	15,000	買掛金	10,000
売掛金	15,000	資本金	20,000
商品	10,000	利益剰余金	10,000
	40,000		40,000

（借）資　本　金	20,000	（貸）S　社　株　式	20,000
利益剰余金	10,000	非支配株主持分	12,000*1
の　れ　ん	2,000*2		

＊1：12,000 =（20,000＋10,000）×（1 − 0.6）

＊2：2,000 = 貸借差額

③　取得後の剰余金

株式取得日の後に生じた子会社の剰余金は，株式の持分比率によって親会社と非支配株主とに分割され，前者は連結上の剰余金とし，後者は非支配株主持分として次のように処理する。

【子会社の取得後の剰余金の非支配株主持分への振替】

（借）非支配株主に帰属する当期純損益	×××	（貸）非支配株主持分	×××

【例：利益の非支配株主持分への振替】

次の資料に基づいて，期末の連結修正仕訳を行いなさい。子会社（80%所有）が当期純利益¥2,000を計上した。

（借）非支配株主に帰属する当期純損益	400	（貸）非支配株主持分	400*

＊：400 = 2,000 ×（1 − 0.8）

(3) 債権・債務の相殺

連結貸借対照表の作成上，表13－4のように，連結会社相互間の債権と債務（例えば，売掛金と買掛金，受取手形と支払手形，貸付金と借入金など）とは，相殺消去しなければならない。これらは，企業集団全体からみれば，内部的な債権・債務に過ぎないからである。

表13－4　内部取引による主な債権債務

債　　権	債　　務
売掛金	買掛金
受取手形	支払手形
貸付金	借入金
未収金	未払金
前払費用・未収収益	前受収益・未払費用

【例：債権債務の相殺】

Ｐ社の期末貸付金のうちには，その子会社であるＳ社に対するものが¥6,000含まれており，これに対して¥200の貸倒引当金を設定している。連結決算の仕訳を示しなさい。

（借）	借　入　金	6,000	（貸）貸　付　金	6,000
（借）	貸倒引当金	200	（貸）貸倒引当金繰入	200

6　連結損益計算書

(1) 連結損益計算書の概要

1会計期間における企業集団全体の経営成績を示す損益計算書は，表13－5のように，親会社及び子会社の個別損益計算書における収益や費用の金額を基礎として，連結会社相互間の取引高や未実現利益を消去して，当期純利益を表示する。

表13－5　連結損益計算書の主な作成手続き

- 個別損益計算書の合算
- 内部取引の相殺消去
- 未実現利益の消去
- その他

(2)　連結会社相互間の取引高の相殺消去

連結損益計算書の作成上，親子会社間及び子会社相互間における商品の売買・受取利息や支払利息などの損益は，企業集団全体からみれば内部取引なので，消去しなければならい。

【内部取引の相殺消去】（前提：商品の売買）

（借）	売　　上	×××	（貸）売上原価	×××

【例：内部取引の相殺消去】

P社の売上高のうち¥10,000は，子会社に対するものである。連結上必要な仕訳を行う。

（借）	売　　上	10,000	（貸）売上原価	10,000

(3)　未実現損益の除去

連結財務諸表の作成上，連結会社相互間の取引によって取得した棚卸資産・固定資産などに含まれる未実現損益は消去しなければならない。これは，企業集団全体からみると，内部取引であるからである。

【未実現損益の除去】（前提：棚卸資産）

（借）	売上原価	×××	（貸）商　　品	×××
	繰延税金資産	×××	法人税等調整額	×××

この未実現損益の除去方法には，表13－6のようなものがある。

表13－6　未実現損益の除去方法

除去方法	内容
①　全額消去・親会社負担法	未実現損益の全額を消去し，かつそのすべてを親会社が負担する方法のこと
②　全額消去・持分比率負担法	未実現損益の全額を消去し，親会社と非支配株主が，各々の持分比率に応じて負担する方法のこと
③　親会社持分相当額消去法	売買損益のうち親会社の持分相当額を未実現損益として消去し，それを親会社が負担する方法のこと

この場合，資産の移動形態により，どの方法を適用するかが変わってくる。

・　親会社が子会社に販売（**ダウン・ストリーム**という）……上記①（売買損益が親会社に計上されているので）

・　子会社が親会社に販売（**アップ・ストリーム**という）……上記②（売買損益が子会社に計上されているので）

【例：未実現利益の消去】

P社はS社の発行済株式総数の80%を所有している。次の資料に基づいて当期末における未実現利益の修正仕訳を行う（全額消去・親会社負担法）。なお，実効税率は40%である。

S社保有のP社商品（当期末）　¥10,000，売上総利益率　30%

（借）売上原価	3,000	（貸）商品	3,000*1
（借）繰延税金資産	1,200*2	（貸）法人税等調整額	1,200

＊1：3,000 = ¥10,000 × 0.3

＊2：1,200 = ¥3,000 × 0.4

(4)　のれんの償却

のれんは，通常20年以内に毎期均等額の償却（**のれん償却**勘定）をしなければならない。

【のれんの償却】

（借）のれん償却	×××	（貸）のれん	×××

【例：のれんの償却】
期首において生じたのれん¥2,000を発生年度から20年間で均等償却する場合の，期末の償却仕訳を行う。

（借）のれん償却	100*	（貸）のれん	100

＊：100 = 2,000 ÷ 20年

(5) 非支配株主持分損益

子会社が計上した当期純利益のうち非支配株主の持分に相当する部分（**非支配株主持分損益**という）は，連結集団の利益を構成しないので，前述のように，非支配株主持分勘定に振り替える。

【当期純利益の非支配株主持分への振替】

（借）非支配株主に帰属する当期純損益	×××	（貸）非支配株主持分	×××

【例：非支配株主持分損益】
P社は，S社の発行済株式総数の80%を所有している。当期にS社は当期純利益¥10,000を計上した。当該利益を非支配株主持分に振り替えるための仕訳を行う。

（借）非支配株主に帰属する当期純損益	2,000*	（貸）非支配株主持分	2,000

＊2,000 = 10,000 ×（1 − 0.8）

7　持　分　法

持分法（equity method）とは，投資勘定を当初は原価で記入し，それ以後は，被投資会社の純資産及び損益の増減に応じて，その投資勘定を修正する方法である。この方法によった場合には，純資産と純利益は連結を行った場合と同じになるので，**一行連結**（one line consolidation）と呼ばれることもある。

【当期純利益の計上の時】

（借）関連会社株式	×××	（貸）持分法による投資損益	×××

そして，投資勘定について，持分法の適用除外などにより持分法が適用されない場合には，**原価法**（cost method：株式の取得時に，その株式を取得原価で記入し，それ以降も原則としてその取得原価を繰り越す方法のこと）が適用される。

持分法において，投資勘定に記入される主な内容は，次のとおりである。なお，持分法においても税効果会計が適用される。

投　　資

（増　　加）	（減　　少）
①　株式の取得（原価）	①　被投資会社からの配当金（持分相当額）
②　被投資会社の剰余金の増加額（持分相当額）	②　株式の売却（帳簿価額）など

8　連結株主資本等変動計算書

連結株主資本等変動計算書とは，企業集団に属する一定期間における連結貸借対照表に示されている純資産の増減を示す計算書のことである。

第14章　キャッシュ・フロー会計論

1　キャッシュ・フロー計算書の意義

(1)　キャッシュ・フロー計算書の意義

キャッシュ・フロー計算書（statement of cash flow：SCF）とは，個別の企業のキャッシュ（現金）のフロー（収支）の状況を表わした計算書であり，キャッシュの期首残高，期中変動及び期末残高が示される。なお，企業集団全体のキャッシュ・フローの状況を表わした計算書が**連結キャッシュ・フロー計算書**である。

このキャッシュは，しばしば身体における血液に例えられる。経営において，企業の血液であるキャッシュの流れが止まることは，企業活動に必要な酸素などが欠如しているような状態であり，そのまま放置すれば，企業は確実に倒産してしまう。すなわち，企業の収益力を示す利益は企業の**繁栄の指標**であるが，企業の支払能力を示すキャッシュは企業の**存続の指標**である。このように，企業が，現金収支の余剰を生み出す能力や債務の返済能力を評価するためには，損益計算書や貸借対照表の他に，企業の現金の収入・支出及びその残高についての情報を示したキャッシュ・フロー計算書が必要となる。

なお，キャッシュ・フロー計算書に関連する新たな制度の概要を示せば，表14－1のとおりである。

表14－1　キャッシュ・フロー会計の制度変化

摘　要	旧　制　度	新　制　度
名称	資金収支表	連結キャッシュ・フロー計算書
個別連結	個別会計	連結会計
位置づけ	補助計算書	主要財務諸表
監査	不要	必要

資金概念	現預金及び市場性ある一時所有の有価証券	現金及び現金同等物
表示区分	事業活動に伴う収支・資金調達活動に伴う収支	営業活動・投資活動・財務活動
作成方法	直接法（想定）	直接法又は間接法

(2) キャッシュ・フロー計算書の目的

これは，企業の資金の獲得能力，債務の返済能力，配当金の支払能力，資金調達の必要性などを評価するのに有用な情報を投資家などの利害関係者に提供することを目的としている。このような評価は，営業活動からのキャッシュ・フロー（ないしフリー・キャッシュ・フロー）によって行うことが多い。

これは，企業の将来キャッシュ・フローの予測に役立つ情報を提供するとされているが，それは，次のようになされる。

① **第 1 段 階**　まず，主に損益計算書によって過去の実績（特に実現）利益から，その費用と収益の対応関係や規則性などを基礎として，将来の利益を予想する。

② **第 2 段 階**　次に，上記の将来予想利益に，主にキャッシュ・フロー計算書によって，利益とキャッシュ・フローの差異原因を基礎として，将来のキャッシュ・フローを予測する。

(3) 資 金 概 念

資金計算書（資金の増減変化の状況を示す計算書）が採用する**資金概念**には，表14 − 2のようなものがある。

表14－2　資金概念

①　現金	②　現金＋預金
③　現金＋現金同等物	④　現金＋預金＋市場性ある一時所有の有価証券
⑤　運転資本（＝流動資産－流動負債）など	－

わが国では，③の「現金及び現金同等物」概念が資金概念として使用されている（連結財規8）。なお，現金には，当座預金，普通預金，その他預金者が一定の期間を経ることなく引き出すことができる預金（通知預金）が含まれる。また，**現金同等物**とは，容易に換金可能であり，かつ価値変動のリスクが低い短期的な（3ヵ月以内の：**3ヵ月基準**）投資のことをいう。

2　キャッシュ・フローの区分

キャッシュ・フロー計算書の区分は，次のように，①営業活動，②投資活動，③財務活動の３つに区分される。

表14－3　キャッシュ・フロー計算書の区分

キャッシュ・フロー計算書	①　営業活動
	②　投資活動
	③　財務活動

①　**営業活動区分**　　この区分は，**営業キャッシュ・フロー**とも呼ばれ，本来，主たる営業活動（本業）によって，どのくらいのキャッシュ・フローがあり，その結果どのくらいのキャッシュを獲得したかを示すものである。この営業キャッシュ・フローは，フリー・キャッシュ・フローと共に，キャッシュ・フロー経営において最も重視され，このプラスの収支尻の確保・最大化が目標の１つとされる。なお，**小計の意味**として，㋐**小計の上**で本来の営業活動が，そして，**小計の下**でその他の取引が示されている。また，㋑小計の下で，受取

利息及び配当金の受領額などをキャッシュ・ベースの総額で表示している。

② **投資活動区分**　この区分は，**投資キャッシュ・フロー**とも呼ばれ，営業キャッシュ・フローなどで獲得・調達された資金を将来において利益を獲得する目的で，種々の資産に投資（ないし投下）し，回収する活動に関連するキャッシュ・フローを表示する区分である。これは，調達された資金を，（営業以外の）種々の資産に投下する活動に関するものである。

③ **財務活動区分**　この区分は，**財務キャッシュ・フロー**とも呼ばれ，営業活動や投資活動を維持するために，これらの資金収支の過不足の**調整弁**として，どのくらい**狭義の財務活動**（資金の調達とその返済に関する活動：**資金調達活動**）からのキャッシュ・フローが生じたかを表示する区分である。

3　作成方法（キャッシュ・フロー計算書の作成方法）

キャッシュ・フロー計算書の作成方法には，直接法と間接法の２つがある。

① **直接法**　これは，期中のキャッシュの収入額と支出額の総額を記載し，期中におけるキャッシュの増加・減少を直接的に明示する方法である。

この方法の長所としては，営業活動についてのキャッシュ・フローが総額で把握できること，主要な取引毎のキャッシュ・フローが把握できること及び内部管理用のキャッシュ・フロー分析の基礎資料を入手しやすいことなどがある。

② **間接法**　これは，当期純利益に非資金取引などの所定の調整を行うことによって，期中におけるキャッシュの増減変化を間接的に明示する方法である。

この方法の長所としては，発生主義会計による当期純利益と現金主義に基づく営業活動によるキャッシュ・フローの関係が明示されることや，直接法と比較して作成が比較的簡単であり，手間がかからないことなどが挙げられる。

なお，実務的には，間接法により作成されることが多い。

様式１　直接法による表示

Ⅰ　**営業活動によるキャッシュ・フロー**		
営業収入		×××
原材料又は商品の仕入支出	△	×××
人件費支出	△	×××
その他の営業支出	△	×××
小　　計		×××
利息及び配当金の受取額		×××
利息の支払額	△	×××
損害賠償金の支払額	△	×××
法人税等の支払額	△	×××
営業活動によるキャッシュ・フロー		×××
Ⅱ　**投資活動によるキャッシュ・フロー**		
有価証券の取得による支出	△	×××
有価証券の売却による収入		×××
有形固定資産の取得による支出	△	×××
有形固定資産の売却による収入		×××
投資有価証券の取得による支出	△	×××
投資有価証券の売却による収入		×××
連結範囲の変更を伴う子会社株式の取得	△	×××
連結範囲の変更を伴う子会社株式の売却		×××
貸付けによる支出	△	×××
貸付金の回収による収入		×××
投資活動によるキャッシュ・フロー		×××
Ⅲ　**財務活動によるキャッシュ・フロー**		
短期借入れによる収入		×××
短期借入金の返済による支出	△	×××
長期借入れによる収入		×××
長期借入金の返済による支出	△	×××
社債の発行による収入		×××
社債の償還による支出	△	×××
株式の発行による収入		×××
自己株式の取得による支出	△	×××
親会社による配当金の支払額	△	×××
非支配株主への配当金の支払額	△	×××
財務活動によるキャッシュ・フロー		×××
現金及び現金同等物に係る換算差額		×××
現金及び現金同等物の増加額		×××
現金及び現金同等物期首残高		×××
現金及び現金同等物期末残高		×××

様式２　間接法による表示

Ⅰ　**営業活動によるキャッシュ・フロー**		
税金等調整前当期純利益		×××
減価償却費		×××
のれん償却額		×××
貸倒引当金の増加額		×××
受取利息及び受取配当金	△	×××
支払利息		×××
為替差損		×××
持分法による投資利益	△	×××
有形固定資産売却益	△	×××
損害賠償損失		×××
売上債権の増加額	△	×××
たな卸資産の減少額		×××
仕入債務の減少額	△	×××
小　　計		×××
利息及び配当金の受取額		×××
利息の支払額	△	×××
損害賠償金の支払額	△	×××
法人税等の支払額	△	×××
営業活動によるキャッシュ・フロー		×××
Ⅱ　**投資活動によるキャッシュ・フロー**（様式１に同じ）		
Ⅲ　**財務活動によるキャッシュ・フロー**（様式１に同じ）		
現金及び現金同等物に係る換算差額（以下，様式１に同じ）		

4　作成方法（連結キャッシュ・フロー計算書の作成方法）

直接法・間接法という作成方法とは別の次元における連結キャッシュ・フロー計算書の作成方法には，原則法と簡便法の２つがある。

①原則法　これは，まず各連結会社において個別ベースでキャッシュ・フロー計算書を作成し，次にこれを基礎として連結キャッシュ・フロー計算書を作成する方法である。この場合，連結会社相互間におけるキャッシュ・フローを相殺する。

②簡便法　これは，個別キャッシュ・フロー計算書を作成せずに，連結損

益計算書，連結貸借対照表の期首・期末残高の増減分析，その他の情報を基礎として連結キャッシュ・フロー計算書を作成する方法である。

5　キャッシュ・フロー計算書の分析

キャッシュ・フロー計算書は，図14－1のように，損益計算書上の利益と組み合わせて，総合的に分析することが有用である。

図14－1　損益計算書とキャッシュ・フロー計算書による総合的な分析

パターン		(1) 損益計算書	(2) キャッシュ・フロー計算書			摘　　要
			営業CF	投資CF	財務CF	
好ましい	①	利益	＋	＋	－	P／L上利益が上がり，かつ営業CF，投資CFともプラスであるので，好ましい。
⇕	②	利益	＋	－＊	＋	利益が計上されており，営業CFがプラスであるが，投資CFがマイナスなので，投資CFの内容を検討する必要がある。
	③	利益	－	－	＋	利益が計上されているが，営業CFがマイナスなので，黒字倒産する可能性がある。
好ましくない	④	損失	－	－	＋	利益も営業CFもマイナスなので，いつ倒産してもおかしくない状況である。

(注)　CF：キャッシュ・フロー，P／L：損益計算書，＋：プラスの金額，－：マイナスの金額

＊：投資CFがマイナスなのが，必ずしも悪いこととは限らない。

第15章　セグメント会計論

1　セグメント会計の意義と内容

セグメント情報については，企業会計基準第17号「セグメント情報等の開示に関する会計基準」（いわゆる「**セグメント会計基準**」）が公表され，平成22年（2010年）4月から適用されている。ここに，**セグメント情報**（segmental information）とは，売上高や利益などの財務情報を，例えば事業の種類別・所在地別などの区分単位（**セグメント**という）に分類て示したものをいう。このセグメント情報をどのように作成表示するのかに関する会計を**セグメント会計**という。このセグメント情報は，制度上，連結集団又は個別企業に関する財務情報として，親会社などが連結ないし個別財務諸表上で注記により開示するものとされている。

経営者の視点で企業を理解できる情報を財務諸表に開示することによって財務諸表利用者により有用な情報を提供するために，マネジメント・アプローチが導入された。ここで，**マネジメント・アプローチ**とは，経営上の意思決定及び業績評価のために経営者が企業を事業の構成単位に分別した方法を基礎としてセグメント情報の開示を行う方法である。このマネジメント・アプローチは，国際財務報告基準などで採用されている方法と同様のものである。このアプローチでは，セグメントの区分方法や測定方法が特定の方法に限定されておらず，経営者の意思決定や業績評価に使用されているありのままの情報を開示することを求めている。すなわち，そこでの情報は，経営者の実際の意思決定や業績評価に使用されている情報に基づくものであり，また，セグメント情報として報告される利益は，経営者が実際に意思決定で利用している利益である。そして，セグメント情報などの開示においては，財務諸表利用者が企業の過去の業績を理解し，将来のキャッシュ・フローの予測を適切に評価できるように，企業が行うさまざまな事業活動の内容及びこれを行う経営環境に関して適切な情報を提供するものであることを求めている。

次に，「セグメント情報等の開示に関する会計基準の適用指針」で示されている開示例を示せば，表15 − 1のとおりである。

表15 − 1　報告セグメントの利益，資産及び負債に関する情報

（単位：百万円）

	自動車部品	船舶	ソフトウェア	電子	その他	調整額	連結財務諸表計上額
売上高							
外部顧客に対する売上高	3,000	5,000	9,500	12,000	1,000	−	30,500
セグメント間の内部売上高又は振替高	−	−	3,000	1,500	−	△4,500	−
計	3,000	5,000	12,500	13,500	1,000	△4,500	30,500
セグメント利益	200	70	900	2,300	100	△2,050	1,520
セグメント資産	2,000	5,000	3,000	12,000	2,000	500	24,500
セグメント負債	1,050	3,000	1,800	8,000	−	5,000	18,850
その他の項目							
減価償却費	200	100	50	1,000	50	50	1,450
有形固定資産及び無形固定資産の増加額	300	700	500	800	−	1,000	3,300

第16章　税効果会計論

1　税効果会計の意義

(1)　税効果会計の意義

法人税等の処理方法について，表16－1のように，従来においては，原則として**納税額方式**（amount of tax-payment method：税法規定に従って計算された税額をそのまま税引前当期純利益から控除する方式のこと）が採用されていた。他方，現行基準では，個別・連結財務諸表を問わず，原則としてすべてに**税効果会計**（tax effect accounting：税法規定そのものに従って法人税等を計算表示するものではなく，会計上あるべき税額を計算し，その税額を税引前当期純利益から控除する方式のこと）が適用されている。また，会社法上も原則として税効果会計が適用される。

表16－1　法人税額等の処理方法：個別・連結の観点から

摘　　要	旧　制　度	新　制　度
(1)　個別会計	納税額方式	税効果会計
(2)　連結会計	納税額方式又は税効果会計	税効果会計

すなわち，**税効果会計**とは，図16－1のように，会計上の貸借対照表に計上されている資産及び負債の金額と，税法上の課税所得の計算の結果計算された資産及び負債の金額との間に差異がある場合において，その差異についての法人税等の金額を，適切に期間配分することにより，法人税等を控除する前の当期純利益の金額と法人税等の金額を合理的に対応させるための会計処理のことである。

図16－1　損益計算書上の表示

損益計算書（末尾）		
税引前当期純利益	xxx	
法人税等	xxx	←① ｝③
法人税等調整額	xxx	←② ｝③
当期純利益	xxx	

（注）①税務上の納付税額，②会計上の税効果会計による調整額，③①と②の全体で会計上あるべき税額

(2) 差異の種類

税効果会計を適用する場合，会計上と税務上の差異には，表16－2のように，一時差異と永久差異の2つがあり，このうち一時差異のみが税効果会計の対象となる。そして，一時差異の主要な発生原因は，注記で開示される。

ここに**一時差異**（temporary differences：TD）とは，会計上の資産負債と税務上のそれらとの間の違いによって生じる差異で，かつ将来においてその差異の発生原因である会計上の資産負債が回収や決済などによって，その差異が解消する年度において税金を増減させる効果のある差異のことであり，**永久差異**（permanent differences：PD）とは，会計上の資産負債と税務上のそれらとの差異のうち，その差異が永久に解消しないもののことである。また，永久差異の具体例としては，個別財務諸表では，交際費の損金算入限度超過額，寄付金の損金算入限度超過額，受取配当金の益金不算入額など，連結財務諸表では，のれん償却，持分法による投資損益（税引後の純利益のため）などがある。そして，このうち重要な永久差異は，注記で開示される。

表16－2　差異の種類と適用関係

種　　類	差異の解消	税効果会計
①　一時差異	解消する	対象
②　永久差異	解消しない	対象外

なお，一時差異等の内容は，表16－3のようなものから構成される。

表16－3　一時差異等の構成要素

構成要素			内容
一時差異等	一時差異	①　収益費用の期間帰属の相違によるもの*1（期間差異）	会計上の収益費用と税務上の益金損金との差異
		②　（①以外の）資産負債の相違によるもの*2	（①以外の）会計上の資産負債と税務上のそれらとの差異で，例えば，評価替えなどから生じたもの
	—	③　一時差異に準ずるもの*3	繰越欠損金，繰越外国税額控除

＊1：従来の収益費用アプローチの下で生じるもの（期間差異）であり，これが大部分である。

＊2：資産負債アプローチを採用することにより新たに生じるものであり，損益計算書に影響しない（それゆえ，法人税等調整額が生じない）ので，評価差額から直接控除する処理をする。

例：投資有価証券の評価増

（借）投資有価証券	XXX	（貸）繰延税金負債	XXX
		その他有価証券評価差額金	XXX

＊3：③を含めて，基準では一時差異等と呼んでいる。

2　税効果会計の処理方法

(1)　税効果会計の処理方法

税効果会計の処理方法には，次のように，繰延法と資産負債法とがある。従来は繰延法が主流であったが，今日では資産負債法となっている。

繰延法とは，収益費用アプローチに基づく方法であり，会計と税法における利益（所得）の期間帰属の違いによって生じる期間差異について，損益計算書上，法人税等調整額として，法人税等に加減すると共に，将来においてその差異が解消するまで貸借対照表上，繰延税金資産・負債として計上する方法である。

他方，**資産負債法**とは，資産負債アプローチに基づく方法であり，会計上と税務上の資産負債の間の違いによって生じる差異で，かつ将来においてこの差異の発生原因である会計上の資産負債が回収や決済などによりその差異が解消する年度において税金を増減させる効果がある一時差異について，法人税等調整額として損益計算書上法人税等に加減すると共に，その差異が将来において，解消するまで貸借対照表上，繰延税金資産・負債として計上する方法である。

これらの方法の特徴点をまとめれば，表16 − 4のとおりである。

表16 − 4　処理方法の特徴点

摘　　要	繰　延　法	資産負債法
①　採用基準	旧基準	新基準
②　会　計　観	収益費用アプローチ	資産負債アプローチ
③　認識対象	期間差異	一時差異
④　重　　視	費用収益の対応	資産負債性
⑤　適用税率	発生期の税率	解消期の税率
⑥　税率の変更	修正しない	修正する

(2)　税効果会計の基本処理

ここでは，最も基本的な税効果会計は，図16 − 1のように，会計上あるべき税額を示す法人税等に復元するためになされる。すなわち，税務上は，法人税等の金額を計算するのに，当期純利益を出発点として，それに申告調整を行い，所得金額を計算し，法人税等を計算している。これに対して，税効果会計は，これとは全くの逆の処理，つまりこの申告調整された部分について，（永久差異がないことを前提として）申告調整前の姿に戻す，つまり復元する処理を行っているのである。言い換えれば，税務上の法人税等の金額を会計上のあるべき法人税等の金額に復元するためには，両者の差異である別段の定めによる加算・減算項目に税率を乗じた金額部分の（申告調整とは逆の）修正を行えばよいことになる。

図 16 － 2　税効果会計の考え方

（前提：申告調整は税効果会計の対象となる一時差異のみから構成されている）

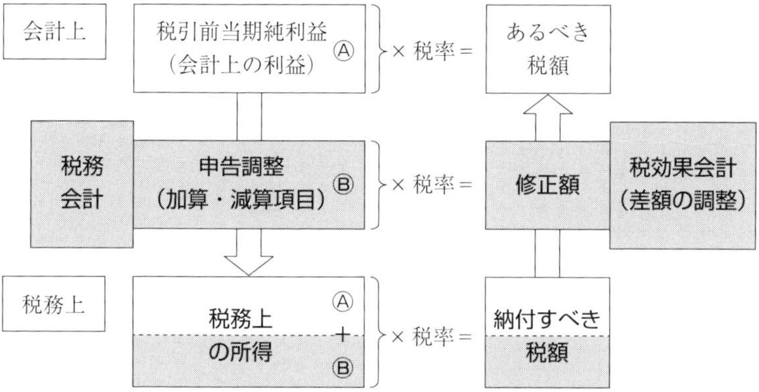

この際，税務上の税額と会計上のそれとの間の関係は，表 16 － 5 のように，3 つのうちのいずれかに該当することになる。

表 16 － 5　税務上と会計上の税金の関係

両　者　の　関　係	性　　質
①　納付税額*1 ＞会計上の税額*2	繰延税金資産：税金の前払い
②　納付税額＝会計上の税額	両者が等しい：未払い・前払いなし
③　納付税額＜会計上の税額	繰延税金負債：税金の未払い

＊ 1：税務上の税額
＊ 2：会計上あるべき税額

上記①は，会計上税金の前払い（前払税金）の状態が生じていると考えられ，**繰延税金資産勘定**（資産）で処理する。そして，その修正のための相手勘定として，**法人税等調整額勘定**（混合）で，次のように処理する。

〔発生時の仕訳〕

（借）繰延税金資産	×××	（貸）法人税等調整額	×××

〔消滅時の仕訳〕

（借）法人税等調整額	×××	（貸）繰延税金資産	×××

②は，双方の税額が同額であるので，特に調整は不要である。

仕訳なし

③は，会計上税金の未払い（未払税金）の状態が生じていると考えられ，**繰延税金負債勘定**（負債）で処理する。その修正のための相手勘定として法人税等調整額勘定（混合）で，次のように処理する。

〔発生時の仕訳〕

（借）法人税等調整額	×××	（貸）繰延税金負債	×××

〔消滅時の仕訳〕

（借）繰延税金負債	×××	（貸）法人税等調整額	×××

3　財務諸表上の表示

(1)　貸借対照表上の表示

繰延税金資産・負債の貸借対照表上の表示は次のとおりである。

① 繰延税金資産は「投資その他の資産」の区分に表示し，繰延税金負債は「固定負債」の区分に表示する。

② 「同一納税主体」の繰延税金資産と繰延税金負債は双方を相殺して表示する。また，「異なる納税主体」の繰延税金資産と繰延税金負債は双方を相殺せずに表示する。

図 16 − 3　繰延税金資産・負債の表示

貸借対照表

（投資その他の資産） 繰延税金資産	（固定負債） 繰延税金負債
	純資産

(2)　損益計算書上の表示

税効果会計を適用した場合の損益計算書上の表示について，図 16 − 1（前掲図）のように，法人税等の次に，法人税等調整額勘定が加わるところが異なっている。

　これにより，税務上の納付税額（法人税等）ではなく，会計上あるべき税額が表示できる仕組みとなっている。

[様式　ひな型]

財務諸表等規則などにおける財務諸表の様式（ひな型）を示せば，次のとおりである。

様式第五号の二

【貸借対照表】

（単位：　　円）

	前事業年度 （令和　年　月　日）	当事業年度 （令和　年　月　日）
資産の部		
流動資産		
現金及び預金	×××	×××
受取手形	×××	×××
売掛金	×××	×××
有価証券	×××	×××
商品及び製品	×××	×××
仕掛品	×××	×××
原材料及び貯蔵品	×××	×××
前払費用	×××	×××
その他	×××	×××
貸倒引当金	△×××	△×××
流動資産合計	×××	×××
固定資産		
有形固定資産		
建物	×××	×××
構築物	×××	×××
機械及び装置	×××	×××
車両運搬具	×××	×××
工具、器具及び備品	×××	×××
土地	×××	×××
リース資産	×××	×××
建設仮勘定	×××	×××
その他	×××	×××
有形固定資産合計	×××	×××
無形固定資産		
ソフトウエア	×××	×××
リース資産	×××	×××
のれん	×××	×××
その他	×××	×××
無形固定資産合計	×××	×××

投資その他の資産		
投資有価証券	×××	×××
関係会社株式	×××	×××
長期貸付金	×××	×××
繰延税金資産	×××	×××
その他	×××	×××
貸倒引当金	△×××	△×××
投資その他の資産合計	×××	×××
固定資産合計	×××	×××
繰延資産		
社債発行費	×××	×××
繰延資産合計	×××	×××
資産合計	×××	×××
負債の部		
流動負債		
支払手形	×××	×××
買掛金	×××	×××
短期借入金	×××	×××
リース債務	×××	×××
未払金	×××	×××
未払費用	×××	×××
未払法人税等	×××	×××
前受金	×××	×××
預り金	×××	×××
前受収益	×××	×××
××引当金	×××	×××
その他	×××	×××
流動負債合計	×××	×××
固定負債		
社債	×××	×××
長期借入金	×××	×××
リース債務	×××	×××
××引当金	×××	×××
その他	×××	×××
固定負債合計	×××	×××
負債合計	×××	×××

純資産の部		
株主資本		
資本金	×××	×××
資本剰余金		
資本準備金	×××	×××
その他資本剰余金	×××	×××
資本剰余金合計	×××	×××
利益剰余金		
利益準備金	×××	×××
その他利益剰余金		
××積立金	×××	×××
繰越利益剰余金	×××	×××
利益剰余金合計	×××	×××
自己株式	△×××	△×××
株主資本合計	×××	×××
評価・換算差額等		
その他有価証券評価差額金	×××	×××
繰延ヘッジ損益	×××	×××
土地再評価差額金	×××	×××
評価・換算差額等合計	×××	×××
新株予約権	×××	×××
純資産合計	×××	×××
負債純資産合計	×××	×××

（記載上の注意）

1．上記の様式は、会社計算規則第３編第２章の規定に基づいて記載すること。

2．上記の様式によりがたい場合には、当該様式に準じて記載すること。

3．新株式申込証拠金又は自己株式申込証拠金がある場合には、純資産の部の株主資本の内訳項目として区分掲記すること。

4．ファイナンス・リース取引の貸主側の場合には、リース債権又はリース投資資産により表示すること。

5．資産除去債務については、１年内に履行されると認められるものは、流動負債において資産除去債務により表示し、それ以外のものは、固定負債において資産除去債務により表示すること。

6．工事損失引当金の残高は、貸借対照表に流動負債として計上すること。ただし、同一の工事契約に係る棚卸資産及び工事損失引当金がある場合には、両者を相殺した差額を棚卸資産又は工事損失引当金として流動資産又は流動負債に表示することができる。

様式第六号

【損益計算書】

（単位：　　円）

	前事業年度 （自　令和　年　月　日 至　令和　年　月　日）	当事業年度 （自　令和　年　月　日 至　令和　年　月　日）
売上高	×××	×××
売上原価		
商品（又は製品）期首たな卸高	×××	×××
当期商品仕入高（又は当期製品製造原価）	×××	×××
合計	×××	×××
商品（又は製品）期末たな卸高	×××	×××
商品（又は製品）売上原価	×××	×××
売上総利益（又は売上総損失）	×××	×××
販売費及び一般管理費		
………………	×××	×××
………………	×××	×××
………………	×××	×××
販売費及び一般管理費合計	×××	×××
営業利益（又は営業損失）	×××	×××
営業外収益		
受取利息	×××	×××
有価証券利息	×××	×××
受取配当金	×××	×××
仕入割引	×××	×××
投資不動産賃貸料	×××	×××
………………	×××	×××
………………	×××	×××
営業外収益合計	×××	×××
営業外費用		
支払利息	×××	×××
社債利息	×××	×××
社債発行費償却	×××	×××
売上割引	×××	×××
………………	×××	×××

………………	×××	×××
営業外費用合計	×××	×××
経常利益（又は経常損失）	×××	×××
特別利益		
固定資産売却益	×××	×××
負ののれん発生益	×××	×××
………………	×××	×××
………………	×××	×××
特別利益合計	×××	×××
特別損失		
固定資産売却損	×××	×××
減損損失	×××	×××
災害による損失	×××	×××
………………	×××	×××
………………	×××	×××
特別損失合計	×××	×××
税引前当期純利益（又は税引前当期純損失）	×××	×××
法人税、住民税及び事業税	×××	×××
法人税等調整額	×××	×××
法人税等合計	×××	×××
当期純利益（又は当期純損失）	×××	×××

（記載上の注意）
別記事業を営んでいる場合その他上記の様式によりがたい場合には、当該様式に準じて記載すること。

様式第七号

【株主資本等変動計算書】

前事業年度（自　令和　　年　　月　　日　　至　令和　　年　　月　　日）

（単位：　　円）

	株主資本										評価・換算差額等				新株予約権	純資産合計
	資本金	資本剰余金			利益剰余金				自己株式	株主資本合計	その他有価証券評価差額金	繰延ヘッジ損益	土地再評価差額金	評価・換算差額等合計		
		資本準備金	その他資本剰余金	資本剰余金合計	利益準備金	その他利益剰余金		利益剰余金合計								
						××積立金	繰越利益剰余金									
当期首残高	×××	×××	×××	×××	×××	×××	×××	×××	△×××	×××	×××	×××	×××	×××	×××	×××
当期変動額																
新株の発行	×××	×××		×××						×××						×××
剰余金の配当					×××		△×××	△×××		△×××						△×××
当期純利益							×××	×××		×××						×××
自己株式の処分									×××	×××						×××
・・・・・・・																×××
株主資本以外の項目の当期変動額（純額）											×××	×××	×××	×××	×××	×××
当期変動額合計	×××	×××	－	×××	×××	－	×××	×××	×××	×××	×××	×××	×××	×××	×××	×××
当期末残高	×××	×××	×××	×××	×××	×××	×××	×××	△×××	×××	×××	×××	×××	×××	×××	×××

当事業年度（自　令和　　年　　月　　日　　至　令和　　年　　月　　日）

（単位：　　円）

	株主資本										評価・換算差額等				新株予約権	純資産合計
	資本金	資本剰余金			利益剰余金				自己株式	株主資本合計	その他有価証券評価差額金	繰延ヘッジ損益	土地再評価差額金	評価・換算差額等合計		
		資本準備金	その他資本剰余金	資本剰余金合計	利益準備金	その他利益剰余金		利益剰余金合計								
						××積立金	繰越利益剰余金									
当期首残高	×××	×××	×××	×××	×××	×××	×××	×××	△×××	×××	×××	×××	×××	×××	×××	×××
当期変動額																
新株の発行	×××	×××		×××						×××						×××
剰余金の配当					×××		△×××	△×××		△×××						△×××
当期純利益							×××	×××		×××						×××
自己株式の処分									×××	×××						×××
・・・・・・・																×××
株主資本以外の項目の当期変動額（純額）											×××	×××	×××	×××	×××	×××
当期変動額合計	×××	×××	－	×××	×××	－	×××	×××	×××	×××	×××	×××	×××	×××	×××	×××
当期末残高	×××	×××	×××	×××	×××	×××	×××	×××	△×××	×××	×××	×××	×××	×××	×××	×××

（記載上の注意）

1．変動事由及び金額の記載は、概ね貸借対照表における記載の順序によること。

2．株主資本以外の科目については、事業年度中の変動額を、変動事由ごとに記載することができる。

3．その他利益剰余金は、科目ごとの記載に代えてその他利益剰余金の合計額を、当事業年度期首残高、事業年度中の変動額及び事業年度末残高に区分して記載することができる。この場合には、科目ごとのそれぞれの金額を注記すること。

4．評価・換算差額等は、科目ごとの記載に代えて評価・換算差額等の合計額を、当事業年度期首残高、事業年度中の変動額及び事業年度末残高に区分して記載することができる。この場合には、科目ごとのそれぞれの金額を注記すること。

5．資本剰余金、利益剰余金、評価・換算差額等及び純資産の各合計欄の記載は省略することができる。

6．遡及適用及び修正再表示（以下「遡及適用等」という。）を行つた場合には、前事業年度の期首残高に対する累積的影響額及び遡及適用等の後の期首残高を区分表示すること。

7．会計基準等に規定されている遡及適用に関する経過措置において、会計方針の変更による影響額を適用初年度の期首残高に加減することが定められている場合には、当事業年度の期首残高に対する影響額及び当該影響額の反映後の期首残高を区分表示すること。

8．別記事業を営んでいる場合その他上記の様式によりがたい場合には、当該様式に準じて記載すること。

様式第四号

【連結貸借対照表】

（単位：　　円）

	前連結会計年度 （　　　年　月　日）	当連結会計年度 （　　　年　月　日）
資産の部		
流動資産		
現金及び預金	×××	×××
受取手形及び売掛金	×××	×××
貸倒引当金	△×××	△×××
受取手形及び売掛金（純額）	×××	×××
リース債権及びリース投資資産	×××	×××
貸倒引当金	△×××	△×××
リース債権及びリース投資資産（純額）	×××	×××
有価証券	×××	×××
商品及び製品	×××	×××
仕掛品	×××	×××
原材料及び貯蔵品	×××	×××
その他	×××	×××
流動資産合計	×××	×××
固定資産		
有形固定資産		
建物及び構築物	×××	×××
減価償却累計額	△×××	△×××
建物及び構築物（純額）	×××	×××
機械装置及び運搬具	×××	×××
減価償却累計額	△×××	△×××
機械装置及び運搬具（純額）	×××	×××
土地	×××	×××
リース資産	×××	×××
減価償却累計額	△×××	△×××
リース資産（純額）	×××	×××
建設仮勘定	×××	×××
その他	×××	×××
減価償却累計額	△×××	△×××
その他（純額）	×××	×××

有形固定資産合計	×××	×××
無形固定資産		
のれん	×××	×××
リース資産	×××	×××
公共施設等運営権	×××	×××
その他	×××	×××
無形固定資産合計	×××	×××
投資その他の資産		
投資有価証券	×××	×××
長期貸付金	×××	×××
貸倒引当金	△×××	△×××
長期貸付金（純額）	×××	×××
退職給付に係る資産	×××	×××
繰延税金資産	×××	×××
その他	×××	×××
投資その他の資産合計	×××	×××
固定資産合計	×××	×××
繰延資産		
創立費	×××	×××
開業費	×××	×××
株式交付費	×××	×××
社債発行費	×××	×××
開発費	×××	×××
繰延資産合計	×××	×××
資産合計	×××	×××
負債の部		
流動負債		
支払手形及び買掛金	×××	×××
短期借入金	×××	×××
リース債務	×××	×××
未払法人税等	×××	×××
××引当金	×××	×××
資産除去債務	×××	×××
公共施設等運営権に係る負債	×××	×××
その他	×××	×××
流動負債合計	×××	×××

固定負債		
社債	×××	×××
長期借入金	×××	×××
リース債務	×××	×××
繰延税金負債	×××	×××
××引当金	×××	×××
退職給付に係る負債	×××	×××
資産除去債務	×××	×××
公共施設等運営権に係る負債	×××	×××
その他	×××	×××
固定負債合計	×××	×××
負債合計	×××	×××
純資産の部		
株主資本		
資本金	×××	×××
資本剰余金	×××	×××
利益剰余金	×××	×××
自己株式	△×××	△×××
株主資本合計	×××	×××
その他の包括利益累計額		
その他有価証券評価差額金	×××	×××
繰延ヘッジ損益	×××	×××
土地再評価差額金	×××	×××
為替換算調整勘定	×××	×××
退職給付に係る調整累計額	×××	×××
………………	×××	×××
その他の包括利益累計額合計	×××	×××
新株予約権	×××	×××
非支配株主持分	×××	×××
純資産合計	×××	×××
負債純資産合計	×××	×××

（記載上の注意）

1．連結会社が営む事業のうちに別記事業がある場合その他上記の様式によりがたい場合には、当該様式に準じて記載すること。

2．繰延税金資産及び繰延税金負債については、第45条の規定により表示すること。

様式第五号

【連結損益計算書】

(単位：　　円)

	前連結会計年度 (自　　年　月　日 至　　年　月　日)	当連結会計年度 (自　　年　月　日 至　　年　月　日)
売上高	×××	×××
売上原価	×××	×××
売上総利益（又は売上総損失）	×××	×××
販売費及び一般管理費		
………………	×××	×××
………………	×××	×××
………………	×××	×××
販売費及び一般管理費合計	×××	×××
営業利益（又は営業損失）	×××	×××
営業外収益		
受取利息	×××	×××
受取配当金	×××	×××
有価証券売却益	×××	×××
持分法による投資利益	×××	×××
………………	×××	×××
………………	×××	×××
営業外収益合計	×××	×××
営業外費用		
支払利息	×××	×××
有価証券売却損	×××	×××
持分法による投資損失	×××	×××
………………	×××	×××
………………	×××	×××
営業外費用合計	×××	×××
経常利益（又は経常損失）	×××	×××
特別利益		
固定資産売却益	×××	×××
負ののれん発生益	×××	×××
………………	×××	×××
………………	×××	×××

特別利益合計	×××	×××
特別損失		
固定資産売却損	×××	×××
減損損失	×××	×××
災害による損失	×××	×××
………………	×××	×××
………………	×××	×××
特別損失合計	×××	×××
税金等調整前当期純利益（又は税金等調整前当期純損失）	×××	×××
法人税、住民税及び事業税	×××	×××
法人税等調整額	×××	×××
法人税等合計	×××	×××
当期純利益（又は当期純損失）	×××	×××
非支配株主に帰属する当期純利益（又は非支配株主に帰属する当期純損失）	×××	×××
親会社株主に帰属する当期純利益（又は親会社株主に帰属する当期純損失）	×××	×××

（記載上の注意）

連結会社が営む事業のうちに別記事業がある場合その他上記の様式によりがたい場合には、当該様式に準じて記載すること。

様式第六号

【連結株主資本等変動計算書】

前連結会計年度（自　　　年　　月　　日　　至　　　年　　月　　日）

（単位：　　円）

	株主資本					その他の包括利益累計額						新株予約権	非支配株主持分	純資産合計
	資本金	資本剰余金	利益剰余金	自己株式	株主資本合計	その他有価証券評価差額金	繰延ヘッジ損益	土地再評価差額金	為替換算調整勘定	退職給付に係る調整累計額	その他の包括利益累計額合計			
当期首残高	×××	×××	×××	△×××	×××	×××	×××	×××	×××	×××	×××	×××	×××	×××
当期変動額														
新株の発行	×××	×××			×××									×××
剰余金の配当			△×××		△×××									△×××
親会社株式に帰属する当期純利益			×××		×××									×××
自己株式の処分				×××	×××									×××
・・・・・・・														×××
株主資本以外の項目の当期変動額（純額）						×××	×××	×××	×××	×××	×××	×××	×××	×××
当期変動額合計	×××	×××	×××	×××	×××	×××	×××	×××	×××	×××	×××	×××	×××	×××
当期末残高	×××	×××	×××	△×××	×××	×××	×××	×××	×××	×××	×××	×××	×××	×××

当連結会計年度（自　　　年　　月　　日　　至　　　年　　月　　日）

（単位：　　円）

	株主資本					その他の包括利益累計額						新株予約権	非支配株主持分	純資産合計
	資本金	資本剰余金	利益剰余金	自己株式	株主資本合計	その他有価証券評価差額金	繰延ヘッジ損益	土地再評価差額金	為替換算調整勘定	退職給付に係る調整累計額	その他の包括利益累計額合計			
当期首残高	×××	×××	×××	△×××	×××	×××	×××	×××	×××	×××	×××	×××	×××	×××
当期変動額														
新株の発行	×××	×××			×××									×××
剰余金の配当			△×××		△×××									△×××
親会社株式に帰属する当期純利益			×××		×××									×××
自己株式の処分				×××	×××									×××
・・・・・・・・														×××
株主資本以外の項目の当期変動額（純額）						×××	×××	×××	×××	×××	×××	×××	×××	×××
当期変動額合計	×××	×××	×××	×××	×××	×××	×××	×××	×××	×××	×××	×××	×××	×××
当期末残高	×××	×××	×××	△×××	×××	×××	×××	×××	×××	×××	×××	×××	×××	×××

（記載上の注意）

1．変動事由及び金額の記載は、概ね連結貸借対照表における記載の順序によること。

2．株主資本以外の科目については、連結会計年度中の変動額を、変動事由ごとに記載することができる。

3．その他の包括利益累計額は、科目ごとの記載に代えてその他の包括利益累計額の合計額を、当連結会計年度期首残高、連結会計年度中の変動額及び連結会計年度末残高に区分して記載することができる。この場合には、科目ごとのそれぞれの金額を注記すること。

4．その他の包括利益累計額及び純資産の各合計欄の記載は省略することができる。

5．遡及適用及び修正再表示（以下5．において「遡及適用等」という。）を行った場合には、前連結会計年度の期首残高に対する累積的影響額及び遡及適用等の後の期首残高を区分表示すること。

6．会計基準等に規定されている遡及適用に関する経過措置において、会計方針の変更による影響額を適用初年度の期首残高に加減することが定められている場合には、当連結会計年度の期首残高に対する影響額及び当該影響額の反映後の期首残高を区分表示すること。

7．連結会社が営む事業のうちに別記事業がある場合その他上記の様式によりがたい場合には、当該様式に準じて記載すること。

【参考文献一覧表】

岩崎　勇［2000］『基本財務諸表論〔第２版〕』中央経済社

――――［2004］『新会計基準の仕組と処理』税務経理協会

――――［2019］「財務会計」レジュメ，第１回から第15回（九州大学大学院の「財務会計」の授業用）

企業会計審査会［1982］「企業会計原則」

――――［1997］「連結財務諸表原則」

企業会計基準委員会［2013］「連結財務諸表に関する会計基準」

――――［2020］「収益認識に関する会計基準」

金融庁［2019］「財務諸表等の用語，様式及び作成方法に関する規則」

――――［2019］「連結財務諸表の用語，様式及び作成に関する規則」

桜井久勝［2019］『財務会計講義　第20版』中央経済社

山本　誠［2015］『レクチャー財務会計　第２版』中央経済社

渡部裕亘・片山覚・北村敬子編著［2019］『検定簿記講義１級商業簿記・会計学上巻』中央経済社

――――［2019］『検定簿記講義１級商業簿記・会計学下巻』中央経済社

索　引

〔あ行〕

アップ・ストリーム …… 136
後入先出法 …… 69
意思決定会計 …… 3
意思決定機関 …… 125
委託販売 …… 39
一行連結 …… 127,137
一計算書アプローチ …… 114
一時差異 …… 150
一時差異等の構成要素 …… 151
著しい下落 …… 64
１年基準 …… 49
一括法 …… 97
一致の原則 …… 12
一般原則 …… 17
一般債権 …… 61
一般商品販売 …… 38
一般に認められた会計原則 …… 15
請負工事 …… 41
売上計算書到着基準 …… 39
売上原価 …… 116
売上総利益 …… 116
売上高 …… 116
ASBJ …… 25
永久差異 …… 150
営業外債権 …… 62
営業キャッシュ・フロー …… 141
営業債権 …… 61
営業循環基準 …… 49
営業利益 …… 116
営利 …… 3
営利会計 …… 3
オプション取引 …… 65
親会社 …… 125
親会社株式 …… 62
親会社説 …… 127
親会社持分相当額消去法 …… 136

〔か行〕

買入償還 …… 96
開業財務諸表 …… 111
開業貸借対照表 …… 111
開業費 …… 85
会計関連諸法令 …… 16
会計関連諸法令の改廃の指針 …… 16
会計基準 …… 9
会計原則 …… 9
会計公準 …… 9,11
会計主体論 …… 14
会計上の剰余金 …… 104
会計処理の指針 …… 16
会計責任 …… 111
会計手続 …… 9
会計方針 …… 21
開示制度 …… 6
会社法上の剰余金 …… 105
開発 …… 87
外部的要因 …… 22
外部副費 …… 67
外部報告会計 …… 6
価格の計算方法 …… 68

確実 …… 30
家計 …… 3
貸倒懸念債権 …… 61
割賦販売 …… 40
合併 …… 105
合併差益 …… 105
株券電子化制度 …… 102
株券不発行制度 …… 102
株式交付費 …… 86
株式の消却 …… 104
株式払込剰余金 …… 103,105
株主資本 …… 99
株主資本等変動計算書 …… 106,123
株主持分 …… 100
貨幣価値一定の公準 …… 13
貨幣価値変動の公準 …… 13
貨幣性資産・非貨幣性資産分類 …… 52
貨幣的評価の公準 …… 12
科目別間接控除方式 …… 61
仮払金 …… 70
関係会社 …… 62
関係会社株式 …… 62
関係会社社債 …… 62
監査の指針 …… 16
勘定式 …… 20
間接法 …… 76,142
完全性の原則 …… 120
官庁会計 …… 3
簡便法 …… 144
管理会計 …… 5
期間按分法 …… 60
期間外損益項目 …… 114
期間計算の公準 …… 12
期間費用 …… 33
企業会計 …… 3
企業会計基準委員会 …… 25
企業実体の公準 …… 11
企業集団 …… 125
企業体理論 …… 14
記述的会計学 …… 5
機能的減価原因 …… 75
規範的会計学 …… 5
キャッシュ・フロー計算書 …… 139
吸収合併 …… 106
狭義の連結会計 …… 127
記録 …… 5
金融資産 …… 59
金融資産・非金融資産分類 …… 52
金融商品 …… 58,64
金融派生商品 …… 64
金融負債 …… 59
区分損益計算書 …… 113
区分表示 …… 21
区分表示の原則 …… 120
区分法 …… 97,98
繰延資産 …… 83
繰延資産の分類 …… 84
繰延税金資産 …… 82
繰延税金資産勘定 …… 153
繰延税金負債勘定 …… 154
繰延ヘッジ会計 …… 65
繰延ヘッジ損益 …… 109
繰延ヘッジ法 …… 109
繰延法 …… 151
経営成績 …… 7,27
経済的単一体説 …… 127
形式的減資 …… 104
形式的増資 …… 103

経常損益 ………………………………… 116
経常的な ………………………………… 116
経常利益 ………………………………… 116
継続企業の公準 …………………… 11,12
継続記録法 ……………………………… 68
継続性の原則 ……………………22,128
契約 ……………………………………… 35
契約の認識 ……………………………… 35
欠損金 ………………………………… 104
決定 …………………………………… 118
減価 ……………………………………… 74
原価回収基準 …………………………… 41
原価・実現主義 ………………………… 30
減価原因 ………………………………… 74
原価主義 ………………………………… 53
原価主義会計 …………………………… 53
原価主義の原則 ………………………… 53
原価主義の採用根拠 …………………… 54
減価償却 ……………………………71,74
減価償却の３要素 ……………………… 76
減価償却費 ……………………………… 31
減価償却累計額勘定 …………………… 76
原価即価値説 …………………………… 54
原価即事実説 …………………………… 53
原価法 ………………………………… 138
研究 ……………………………………… 87
研究開発費 ……………………………… 87
現金 ……………………………………… 60
現金主義会計 …………………………… 29
現金主義の原則 ………………………… 29
現金同等物 …………………………… 141
減資 …………………………………… 104
健全な …………………………………… 23
原則法 ………………………………… 144
減損会計 ……………………………71,78
減損処理 ………………………………… 78
減損損失 ………………………………… 75
現物出資 ………………………………… 72
現物出資説 …………………………… 106
減耗 ……………………………………… 69
減耗資産 ………………………………… 80
減耗損 …………………………………… 69
交換 ……………………………………… 72
広義の連結会計 ……………………… 127
工事完成基準 …………………………… 41
工事進行基準 …………………………… 41
更正 …………………………………… 118
構造的公準 ……………………………… 11
購入 ……………………………………… 72
子会社 ………………………………… 125
子会社株式 ……………………………… 62
固定資産 ………………………………… 71
固定資産除却損 ………………………… 80
固定資産売却益 ………………………… 80
固定資産売却損 ………………………… 80
固定性配列法 …………………………… 21
固定負債 …………………………90,122
個別会計 ……………………………… 125
個別会計中心主義 …………………… 126
個別財務諸表 …………………… 112,125
個別財務諸表準拠性の原則 ………… 128
個別的売却可能性 ……………………… 46
個別法 …………………………………… 69
混合測定主義 …………………………… 55
コンバージェンス ……………………… 99

〔さ行〕

サービス・ポテンシャルズ …………… 47

債権者持分 …… 89
財産 …… 51
財産性 …… 46,55,83,119
財産法 …… 27,45
財政状態 …… 7,46,119
最低資本金制度 …… 102
財務安全性 …… 57,90,119
財務会計 …… 5
財務会計基準機構 …… 25
財務キャッシュ・フロー …… 142
財務諸表 …… 4,111
債務性引当金 …… 93
財務取引 …… 117
財務内容 …… 122
先入先出法 …… 69
先物取引 …… 65
先渡取引 …… 65
３か月基準 …… 141
残存価額 …… 76
時価・発生主義 …… 30
時価基準 …… 59
自家建設 …… 72
時価主義 …… 55
時価ヘッジ会計 …… 65
時間法 …… 42
自己株式 …… 62,108
自己金融効果 …… 74
自己資本 …… 89,100
資産 …… 51
資産性 …… 47,55,83
資産にかかわる引当金 …… 93
資産負債アプローチ …… 48,99
資産負債法 …… 151
実価 …… 64
実現主義の原則 …… 30,37
実現の要件 …… 37
実質一元形式一元 …… 23
実質一元形式多元 …… 24
実質的減資 …… 104
実質的増資 …… 103
実践規範性 …… 16
実践指針 …… 9
実地棚卸法 …… 68
質的重要性 …… 25
支配従属関係 …… 125
支配力基準 …… 129
支払法 …… 42
四半期財務諸表 …… 112
四半期報告制度 …… 126
資本 …… 19,100
資本会計 …… 100
資本金 …… 101
資本主理論 …… 14
資本準備金 …… 105
資本剰余金 …… 19,105
資本的支出 …… 73
資本等式 …… 47
資本と利益の区別の原則 …… 18
資本取引 …… 19,105
資本の部 …… 122
資本連結 …… 131
社債 …… 94
社債の償還方法 …… 96
社債発行費等 …… 86,95
収益的支出 …… 73
収益認識基準 …… 33
収益費用アプローチ …… 47,99
収益力 …… 7

収支の未解決項目 …… 46
重要性の原則 …… 24
授権資本制度 …… 102
受託者 …… 39
受託責任 …… 111
取得原価 …… 76
種類株 …… 102
純額主義 …… 21
純財産 …… 28,45
純資産 …… 99
準備金 …… 107
償還 …… 96
償却 …… 74
償却原価法 …… 60,63,95
償却単位 …… 78
償却方法 …… 76
消極財産 …… 27,45
消極的側面 …… 24
消極的積立金 …… 107
小計 …… 141
試用販売 …… 39
商品評価損 …… 69
正味財産 …… 28,45
剰余金 …… 19
除却等 …… 80
処分可能性 …… 106
処分済利益剰余金 …… 106
人格合一説 …… 106
新株予約権 …… 109
新株予約権付社債 …… 97
新株予約権戻入益 …… 110
真実性の原則 …… 17,128
新設合併 …… 106
新築積立金 …… 107
進捗度 …… 41
信用経済社会 …… 29
数量の計算方法 …… 68
数量法 …… 42
スワップ取引 …… 65
正規の償却 …… 75
正規の簿記 …… 18
正規の簿記の原則 …… 17
税効果会計 …… 149
清算財務諸表 …… 111
清算貸借対照表 …… 111
生産高比例法 …… 77
静態論 …… 45
正当な理由 …… 22
制度会計 …… 6
セグメント …… 147
セグメント会計 …… 147
セグメント会計基準 …… 147
セグメント情報 …… 147
積極財産 …… 27,45
積極的側面 …… 24
積極的積立金 …… 107
絶対的単一性 …… 23
全額消去・親会社負担法 …… 136
全額消去・持分比率負担法 …… 136
前期損益修正項目 …… 117
全部純資産直入法 …… 63
全部連結 …… 127
全部連結会計 …… 130
全面時価評価法 …… 130
総額主義 …… 21
総額主義の原則 …… 121
増資 …… 103
相対的真実性 …… 17

相対的単一性 …… 24
贈与 …… 73
創立費 …… 85
遡及処理 …… 118
測定 …… 5,29
測定法 …… 42
その他の流動資産 …… 70
その他有価証券評価差額金 …… 109
ソフトウェア …… 87
損益計算書 …… 7,113
損益計算書アプローチ …… 47
損益計算書等式 …… 28
損益取引 …… 19,105
損益法 …… 7,28,32,46
存続の指標 …… 139

〔た行〕

対応表示の原則 …… 115
代替的な取扱い …… 36
貸借対照表 …… 7,119
貸借対照表アプローチ …… 48
貸借対照表等式 …… 47
貸借対照表能力 …… 46
貸借対照表能力論 …… 83
退職給付 …… 94
耐用年数 …… 76
代理人理論 …… 14
ダウン・ストリーム …… 136
立替金 …… 70
縦様式 …… 123
棚卸計算法 …… 68
棚卸資産 …… 58,66
他人資本 …… 89
単一性の原則 …… 23
単元株制度 …… 102
注記 …… 21
抽選償還 …… 96
長期金銭債権 …… 82
長期前払費用 …… 82
帳簿棚卸法 …… 68
直接法 …… 76,142
直線法 …… 77
陳腐化 …… 69,75
定額法 …… 60,77
定期財務諸表 …… 111
定率法 …… 77
適格性 …… 18
適時開示 …… 126
デリバティブ …… 64
転換価額 …… 97
転換社債 …… 97
転換社債型新株予約権付社債 …… 97
当期業績主義損益計算書 …… 113
当期純利益 …… 117
当座資産 …… 58
当座比率 …… 58
投資キャッシュ・フロー …… 142
投資その他の資産 …… 71,81
投資不動産 …… 82
投資有価証券 …… 62,81
特殊商品販売 …… 38
特定目的積立金 …… 107
土地再評価差額金 …… 109
土地再評価法 …… 109
トライアングル体制 …… 28
取替時価法 …… 79
取替資産 …… 79
取替法 …… 79

取引価格 …… 35
取引価額主義 …… 33,35
取引価格の算定 …… 35
取引価格の配分 …… 35
取引対価主義 …… 35

〔な行〕

内部的要因 …… 22
内部副費 …… 67
内部報告会計 …… 6
二計算書アプローチ …… 114
２分の１基準 …… 103
任意積立金 …… 106,107
認識 …… 5,29
納税額方式 …… 149
のれん …… 132
のれん償却 …… 136

〔は行〕

売価還元法 …… 69
売買目的有価証券 …… 63
破産更生債権 …… 61
破産財務諸表 …… 111
破産貸借対照表 …… 111
発行価額法 …… 95
発生主義会計 …… 29
発生主義の原則 …… 29
発生費用 …… 31,32
発生費用の認識方法 …… 42
発生法 …… 42
繁栄の指標 …… 139
販売基準 …… 37
販売費及び一般管理費 …… 116
非営利 …… 3
非営利会計 …… 3
比較的短期間 …… 57
引当金 …… 91
引当金の設定要件 …… 92
引当金法 …… 42
非区分法 …… 98
非経常的な …… 117
非債務性引当金 …… 93
非支配株主持分 …… 132
非支配株主持分損益 …… 137
非償却資産 …… 72
非制度会計 …… 6
非分離型 …… 97
非分離型ワラント債 …… 97
費用化 …… 30
評価・換算差額等 …… 108
評価性引当金 …… 93
費用収益対応の原則 …… 31,33
費用性資産 …… 30
費用配分の原則 …… 30,54
非連結子会社 …… 129
品質低下 …… 69
副業 …… 116
複式簿記 …… 5
副費 …… 67
負債 …… 89
負債性引当金 …… 93
負債にかかわる引当金 …… 93
負債の部 …… 122
付随費用 …… 67
附属明細表 …… 22
普通社債 …… 97
物理的減価原因 …… 74
物量単位 …… 13

不適応化……………………………………… 75
不特定目的積立金 ……………………… 107
負ののれん ……………………………… 132
部分時価評価法 ………………………… 130
部分純資産直入法 ……………………… 63
分離型 …………………………………… 98
平均原価法 ……………………………… 69
併合 ……………………………………… 104
ヘッジ会計 ……………………………… 65
別途積立金 ……………………………… 107
邦貨 ……………………………………… 60
包括主義損益計算書 …………………… 114
包括利益計算書 ………………………… 114
報告 ………………………………………… 5
報告式 …………………………………… 20
法人税等調整額勘定 …………………… 153
法定資本 ……………………… 102,122
保守主義の原則 ………………………… 23
保守的な ………………………………… 23
保有損益 ………………………………… 29
本業 ……………………………………… 116

〔ま行〕

前払金 …………………………………… 70
前払費用 ………………………………… 70
前渡金 …………………………………… 70
マクロ会計 ………………………………… 3
マネジメント・アプローチ …………… 147
磨滅・損耗 ……………………………… 75
満期保有目的 …………………………… 63
ミクロ会計 ………………………………… 3
未実現損益の除去 ……………………… 135
未収収益 ………………………………… 70
未処分利益計算の区分 ………………… 118
未処分利益剰余金 ……………………… 106
無額面株式 ……………………………… 102
無区分損益計算書 ……………………… 113
無形固定資産 ………………………… 71,80
明瞭性の原則 ……………………… 19,128
明瞭性を高める方法 …………………… 20
持株基準 ………………………………… 129
持分請求権 ……………………………… 58
持分法 …………………………………… 137
持分法会計 ……………………………… 127

〔や行〕

約定日基準 ……………………………… 59
有価証券 ………………………………… 62
有形固定資産 ………………………… 71,72
有形性 …………………………………… 56
有限責任制 ……………………………… 101
有償 ……………………………………… 80
誘導法 …………………………………… 46
用役潜在力 …………………………… 47,83
様式 ……………………………………… 20
預金 ……………………………………… 60
横様式 …………………………………… 123
予約販売 ………………………………… 40

〔ら行〕

利益 ……………………………………… 19,27
利益観 …………………………………… 99
利益準備金 ……………………………… 106
利益剰余金 ………………… 19,105,106
利益追求 ………………………………… 27
利害調整会計 ……………………………… 3
履行義務 ………………………………… 35
履行義務の識別 ………………………… 35

履行義務の充足 …………………………… 35
利息法 ………………………………………… 60
流動・固定の区分基準 ………………… 49
流動資産 …………………………………… 57
流動資産・固定資産・繰延資産分類 … 52
流動性 ………………………………… 21,56
流動性配列法 …………………………… 21
流動比率 …………………………………… 57
流動負債 ………………………………90,122
量的重要性 ………………………………… 25
理論規範性 ………………………………… 16
理論指針 ……………………………………9
臨時償却 …………………………………… 75
臨時損益項目 …………………………… 117
臨時損失 …………………………………… 75
連結会計 ………………………………… 125
連結会計中心主義 …………………… 126
連結会社 ………………………………… 129
連結株主資本等変動計算書 ……… 126,138
連結環機能 ……………………………… 46
連結キャッシュ・フロー計算書 … 126,139
連結決算日 ……………………………… 129
連結子会社 ……………………………… 129
連結財務諸表 ………………………… 112,125
連結財務諸表規則 …………………… 126
連結主体論 ……………………………… 127
連結除外 ………………………………… 129
連結損益計算書 ……………………… 125
連結貸借対照表 ……………………… 125
連結範囲 ………………………………… 128
連結附属明細表 ……………………… 126
連結包括利益計算書 ………………… 126
老朽化 …………………………………… 75

著者紹介

岩崎　勇（いわさき　いさむ）

略歴：明治大学大学院経営学研究科博士後期課程単位取得　現在：九州大学名誉教授・大阪商業大学特任教授　会計理論学会理事・グローバル会計学会常務理事・日本会計史学会理事・財務会計研究学会監事等

著書論文：『IASBの概念フレームワーク』（編著），『IFRSの概念フレームワーク』，『キャッシュ・フロー計算書の読み方・作り方』，『経営分析のやり方・考え方』，『新会計基準の仕組みと処理』，『新会社法の考え方と処理方法』（以上，税務経理協会），（文部科学省検定済教科書）『新訂版原価計算』（監修：東京法令出版）等の多数の本，及び「IFRSの概念フレームワークについて－最終報告書」（編著：国際会計研究学会　研究グループ），「会計概念フレームワークと簿記―最終報告書」（編著：日本簿記学会簿記理論研究部会）等の多数の論文

その他：税理士試験元試験委員，福岡県元監査委員，FM福岡QT PRO モーニングビジネススクール（元講師），また，会計，税務，コーポレート・ガバナンス，監査，哲学等のテーマで講演会等の講師を務める。

基本 財務会計

2020年 6 月25日 初版第 1 刷発行
2023年 4 月10日 初版第 2 刷発行

著 者 岩崎 勇
発行者 大坪 克行
発行所 株式会社 税務経理協会
〒161-0033東京都新宿区下落合1丁目1番3号
http://www.zeikei.co.jp
03-6304-0505
印 刷 税経印刷株式会社
製 本 牧製本印刷株式会社

本書についての
ご意見・ご感想はコチラ

http://www.zeikei.co.jp/contact/

ISBN 978-4-419-06717-5 C3034